कक्षा 12 के लिए
इतिहास की पाठ्यपुस्तक

भारतीय इतिहास के कुछ विषय

भाग 1

12095

राष्ट्रीय शैक्षिक अनुसंधान और प्रशिक्षण परिषद्
NATIONAL COUNCIL OF EDUCATIONAL RESEARCH AND TRAINING

12095 – भारतीय इतिहास के कुछ विषय
कक्षा 12 के लिए इतिहास की पाठ्यपुस्तक

ISBN 81-7450-700-0

प्रथम संस्करण
मार्च 2007 फाल्गुन 1928

पुनर्मुद्रण
नवंबर 2007, अप्रैल 2009, दिसंबर 2009, जनवरी 2011, जनवरी 2012, मार्च 2013, फरवरी 2014, फरवरी 2015, फरवरी 2016, फरवरी 2017, दिसंबर 2017, जनवरी 2019, नवंबर 2019 और दिसंबर 2021

संशोधित संस्करण
अक्तूबर 2023 कार्तिक 1945

PD NTR HK

₹ 115.00

एन.सी.ई.आर.टी. वॉटरमार्क 80 जी.एस.एम. पेपर पर मुद्रित।

प्रकाशन प्रभाग में सचिव, राष्ट्रीय शैक्षिक अनुसंधान और प्रशिक्षण परिषद्, श्री अरविंद मार्ग, नयी दिल्ली 110 016 द्वारा प्रकाशित तथा नूतन प्रिन्टर्स, एफ-89/12, ओखला इंडस्ट्रियल एरिया, फ़ेज़-I, नयी दिल्ली - 110 020 द्वारा मुद्रित।

एन सी ई आर टी के प्रकाशन प्रभाग के कार्यालय

एन.सी.ई.आर.टी. कैंपस
श्री अरविंद मार्ग
नयी दिल्ली 110 016 फोन : 011-26562708

108, 100 फीट रोड
हेली एक्सटेंशन, होस्डेकेरे
बनाशंकरी III इस्टेज
बेंगलुरु 560 085 फोन : 080-26725740

नवजीवन ट्रस्ट भवन
डाकघर नवजीवन
अहमदाबाद 380 014 फोन : 079-27541446

सी.डब्ल्यू.सी. कैंपस
निकट: धनकल बस स्टॉप पनिहटी
कोलकाता 700 114 फोन : 033-25530454

सी.डब्ल्यू.सी. कॉम्प्लैक्स
मालीगांव
गुवाहाटी 781021 फोन : 0361-2674869

प्रकाशन सहयोग

अध्यक्ष, प्रकाशन प्रभाग	:	अनूप कुमार राजपूत
मुख्य उत्पादन अधिकारी	:	अरुण चितकारा
मुख्य व्यापार प्रबंधक	:	विपिन दिवान
मुख्य संपादक (प्रभारी)	:	बिज्ञान सुतार
संपादक	:	नरेश यादव
उत्पादन सहायक	:	...

आवरण एवं सज्जा
आर्ट क्रियेशंस, नयी दिल्ली

कार्टोग्राफी
के. वर्गीज़

आमुख

राष्ट्रीय पाठ्यचर्या की रूपरेखा (2005) सुझाती है कि बच्चों के स्कूली जीवन को बाहर के जीवन से जोड़ा जाना चाहिए। यह सिद्धांत किताबी ज्ञान की उस विरासत के विपरीत है जिसके प्रभाववश हमारी व्यवस्था आज तक स्कूल और घर के बीच अंतराल बनाए हुए है। नयी राष्ट्रीय पाठ्यचर्या पर आधारित पाठ्यक्रम और पाठ्यपुस्तकें इस बुनियादी विचार पर अमल करने का प्रयास हैं। इस प्रयास में हर विषय को एक मज़बूत दीवार से घेर देने और जानकारी को रटा देने की प्रवृत्ति का विरोध शामिल है। आशा है कि ये कदम हमें राष्ट्रीय शिक्षा नीति (1986) में वर्णित बाल-केंद्रित व्यवस्था की दिशा में काफ़ी दूर तक ले जाएँगे।

इस प्रयत्न की सफलता अब इस बात पर निर्भर है कि स्कूलों के प्राचार्य और अध्यापक बच्चों को कल्पनाशील गतिविधियों और सवालों की मदद से सीखने और अपने अनुभव पर विचार करने का अवसर देते हैं। हमें यह मानना होगा कि यदि जगह, समय और आज़ादी दी जाए तो बच्चे बड़ों द्वारा सौंपी गई सूचना-सामग्री से जुड़कर और जूझकर नए ज्ञान का सृजन करते हैं। शिक्षा के विविध साधनों व स्रोतों की अनदेखी किए जाने का प्रमुख कारण पाठ्यपुस्तक को परीक्षा का एकमात्र आधार बनाने की प्रवृत्ति है। सर्जना और पहल को विकसित करने के लिए ज़रूरी है कि हम बच्चों को सीखने की प्रक्रिया में पूरा भागीदार मानें और बनाएँ, उन्हें ज्ञान की निर्धारित खुराक का ग्राहक मानना छोड़ दें।

ये उद्देश्य स्कूल की दैनिक ज़िंदगी और कार्यशैली में काफ़ी फेरबदल की माँग करते हैं। दैनिक समय-सारणी में लचीलापन उतना ही ज़रूरी है जितना वार्षिक कैलेण्डर के अमल में चुस्ती, जिससे शिक्षण के लिए नियत दिनों की संख्या हकीकत बन सके। शिक्षण और मूल्यांकन की विधियाँ भी इस बात को तय करेंगी कि यह पाठ्यपुस्तक स्कूल में बच्चों के जीवन को मानसिक दबाव तथा बोरियत की जगह खुशी का अनुभव बनाने में कितनी प्रभावी सिद्ध होती है। बोझ की समस्या से निपटने के लिए पाठ्यक्रम निर्माताओं ने विभिन्न चरणों में ज्ञान का पुनर्निर्धारण करते समय बच्चों के मनोविज्ञान एवं अध्यापन के लिए उपलब्ध समय का ध्यान रखने की पहले से अधिक सचेत कोशिश की है। इस कोशिश को और गहराने के यत्न में यह पाठ्यपुस्तक सोच-विचार और विस्मय, छोटे समूहों में बातचीत एवं बहस और हाथ से की जाने वाली गतिविधियों को प्राथमिकता देती है।

एन.सी.ई.आर.टी. इस पुस्तक की रचना के लिए बनाई गई पाठ्यपुस्तक निर्माण समिति के परिश्रम के लिए कृतज्ञता व्यक्त करती है। परिषद् सामाजिक विज्ञान सलाहकार समूह के अध्यक्ष, प्रोफ़ेसर हरि वासुदेवन, इतिहास विभाग, कलकत्ता विश्वविद्यालय, कोलकाता एवं इतिहास पाठ्यपुस्तक समिति के मुख्य सलाहकार, प्रोफ़ेसर नीलाद्रि भट्टाचार्य, इतिहास अध्ययन केंद्र, जवाहरलाल नेहरू विश्वविद्यालय, नयी दिल्ली की विशेष आभारी है। इस पाठ्यपुस्तक के निर्माण में कई शिक्षकों ने योगदान दिया; इस योगदान को संभव बनाने के लिए हम उनके प्राचार्यों के आभारी हैं। हम उन सभी संस्थाओं और संगठनों के प्रति कृतज्ञ हैं जिन्होंने अपने संसाधनों, सामग्री और सहयोगियों

की मदद लेने में हमें उदारतापूर्वक सहयोग दिया। हम माध्यमिक एवं उच्च शिक्षा विभाग, मानव संसाधन विकास मंत्रालय द्वारा प्रोफ़ेसर मृणाल मीरी एवं प्रोफ़ेसर जी.पी. देशपांडे की अध्यक्षता में गठित निगरानी समिति (मॉनिटरिंग कमेटी) के सदस्यों को अपना मूल्यवान समय और सहयोग देने के लिए धन्यवाद देते हैं। व्यवस्थागत सुधारों और अपने प्रकाशनों में निरंतर निखार लाने के प्रति समर्पित एन.सी.ई.आर.टी. टिप्पणियों एवं सुझावों का स्वागत करेगी जिनसे भावी संशोधनों में मदद ली जा सके।

निदेशक
राष्ट्रीय शैक्षिक अनुसंधान
और प्रशिक्षण परिषद्

नयी दिल्ली
20 नवंबर 2006

पाठ्यपुस्तकों में पाठ्य सामग्री का पुनर्संयोजन

कोविड-19 महामारी को देखते हुए, विद्यार्थियों के ऊपर से पाठ्य सामग्री का बोझ कम करना अनिवार्य है। *राष्ट्रीय शिक्षा नीति, 2020* में भी विद्यार्थियों के लिए पाठ्य सामग्री का बोझ कम करने और रचनात्मक नज़रिए से अनुभवात्मक अधिगम के अवसर प्रदान करने पर ज़ोर दिया गया है। इस पृष्ठभूमि में, राष्ट्रीय शैक्षिक अनुसंधान और प्रशिक्षण परिषद् ने सभी कक्षाओं में पाठ्यपुस्तकों को पुनर्संयोजित करने की शुरुआत की है। इस प्रक्रिया में रा.शै.अ.प्र.प. द्वारा पहले से ही विकसित कक्षावार सीखने के प्रतिफलों को ध्यान में रखा गया है।

पाठ्य सामग्रियों के पुनर्संयोजन में निम्नलिखित बिंदुओं को ध्यान में रखा गया है –

- एक ही कक्षा में अलग-अलग विषयों के अंतर्गत समान पाठ्य सामग्री का होना;
- एक कक्षा के किसी विषय में उससे निचली कक्षा या ऊपर की कक्षा में समान पाठ्य सामग्री का होना;
- कठिनाई स्तर;
- विद्यार्थियों के लिए सहज रूप से सुलभ पाठ्य सामग्री का होना, जिसे शिक्षकों के अधिक हस्तक्षेप के बिना, वे खुद से या सहपाठियों के साथ पारस्परिक रूप से सीख सकते हों;
- वर्तमान संदर्भ में अप्रासंगिक सामग्री का होना।

वर्तमान संस्करण, ऊपर दिए गए परिवर्तनों को शामिल करते हुए तैयार किया गया पुनर्संयोजित संस्करण है।

अध्ययन का केंद्रबिंदु निश्चित करना

कौन सी बात इस किताब के केंद्रबिंदु को निर्धारित करती है? आखिर इस किताब का क्या लक्ष्य है? पिछली कक्षाओं की पढ़ाई से यह कैसे जुड़ी हुई है?

कक्षा 6 से 8 तक हमने भारतीय इतिहास के बारे में प्रारंभिक काल से आधुनिक युग तक की जानकारी प्राप्त की। हर वर्ष एक विशेष ऐतिहासिक काल के बारे में पढ़ाई की गई। कक्षा 9 और 10 की किताबों में परीक्षण का दायरा बदल गया। उच्च प्राथमिक कक्षाओं के विपरीत यहाँ हमने एक छोटा सा काल चुनकर समकालीन विश्व का सूक्ष्म अध्ययन किया। क्षेत्रीय सीमाओं को लाँघते हुए, राष्ट्रीय-राज्यों के विस्तार से कहीं आगे बढ़कर, हमने यह जानने की कोशिश की कि दुनिया के अलग-अलग हलकों और मुल्कों के लोगों ने आज की दुनिया बनाने में क्या भूमिका अदा की है। भारतीय इतिहास एक बृहत्तर विश्व के अंतर्संबंधित इतिहास का हिस्सा बन गया। इसके बाद कक्षा 11 में हमने *विश्व इतिहास के कुछ विषयों* का अध्ययन किया। इस दौरान हमने पृथ्वी पर इनसानों के जीवन की शुरुआत से आज तक के लंबे अंतराल के बीच अपनी कालानुक्रमिक दृष्टि को विस्तार दिया। लेकिन हमने विशेष खोज के लिए सिर्फ़ कुछ विषयों को चुना। इस साल हम *भारतीय इतिहास के कुछ विषयों* का अध्ययन करेंगे।

यह किताब हड़प्पा से शुरू होती है और भारतीय संविधान के बनने पर खत्म होती है। इसमें पाँच हज़ार वर्षों का सामान्य सर्वेक्षण नहीं बल्कि कुछ विशेष विषयों का गहन अध्ययन किया गया है। पिछले वर्षों की किताबों ने आपको पहले ही भारतीय इतिहास से परिचित करा दिया है। अब समय आ गया है कि हम कुछ विषयों की गहराई से छानबीन करें।

जहाँ हमने आर्थिक, सांस्कृतिक, सामाजिक, राजनीतिक और धार्मिक विषयों को चुनकर बदलाव के अलग-अलग आयामों को समझने की कोशिश की है वहीं इनके बीच की दीवारों को भी तोड़ने का प्रयास किया है। जहाँ इस किताब के कुछ विषय आपको उस युग की राजनीति तथा सत्ता और शक्ति की प्रकृति से परिचित करवाएँगे, वहीं कुछ में यह समझने का प्रयास है कि समाज कैसे संगठित होता है, कैसे काम करता है और कैसे बदलता है। कुछ और अध्याय बताते हैं धार्मिक जीवन और रीति-रिवाज़ों के बारे में, अर्थव्यवस्थाओं के विषय में और ग्रामीण एवं शहरी समाजों में बदलाव के बारे में।

इनमें से हर विषय आपको इतिहासकारों के शिल्प से अवगत कराएगा। इतिहास को ढूँढ़ निकालने के लिए इतिहासकारों को स्रोतों की ज़रूरत पड़ती है जिनके माध्यम से अतीत के बारे में जाना जा सकता है। लेकिन स्रोत खुद-ब-खुद अतीत को प्रकट नहीं करते। इतिहासकारों को इन स्रोतों के साथ जूझना पड़ता है, इनकी व्याख्या करनी पड़ती है और उनसे अतीत के तथ्य बुलवाने पड़ते हैं। इसीलिए तो इतिहास एक दिलचस्प विषय बन जाता है। पुराने स्रोतों से भी हमें कई नयी जानकारियाँ मिल सकती हैं, यदि हम उनसे नए सवाल पूछें और उन पर अलग तरीके से नज़र दौड़ाएँ। इसलिए हमें यह जानने की ज़रूरत है कि इतिहासकार किस तरह स्रोतों को पढ़ते हैं और कैसे वे पुराने स्रोतों में नयी बातें खोज निकालते हैं।

लेकिन इतिहासकार सिर्फ़ पुराने स्रोतों का ही पुनर्परीक्षण नहीं करते। वे नए स्रोत भी खोज निकालते हैं। कई बार ये स्रोत आकस्मिक रूप से मिल जाते हैं। पुराविदों को कभी-कभी अनजाने में ही कोई मुहर या टीला दिख जाता है जिससे किसी प्राचीन सभ्यता के स्थल का सुराग मिल जाता है।

किसी कलेक्टरेट के धूल-धूसरित दस्तावेज़ों और लेखों के पुलिंदे की छानबीन करते हुए इतिहासकार अनजाने में किसी स्थानीय झगड़े के मुकदमे के कागज़ात पा लेता है और इनसे सदियों पहले के ग्रामीण जीवन का एक नया विश्व सामने खड़ा हो जाता है। क्या ये खोजें एक संयोग मात्र हैं? हो सकता है किसी अभिलेखागार में आपको अचानक पुराने दस्तावेज़ों का एक पुलिंदा मिल जाए। आप उसे खोल कर देखते हैं लेकिन आपको उसमें कोई महत्वपूर्ण बात नज़र नहीं आती। यदि आपके

मन में संबद्ध सवाल नहीं हों तो उस स्रोत का कोई मतलब नज़र नहीं आएगा। आपको स्रोत को खोजना होता है, मूल पाठ को पढ़ना होता है, सुरागों के पीछे लगना पड़ता है और इन सबका अंतर्संबंध ढूँढ़ना होता है तब जाकर आप अतीत का पुनर्निर्माण कर पाते हैं। किसी स्रोत की खोज मात्र से ही अतीत के रहस्य नहीं खुल जाते। जब अलेक्ज़ैंडर कनिंघम ने पहली बार हड़प्पा सभ्यता की एक मुहर देखी तो वे इसका कोई मतलब नहीं निकाल पाए। काफ़ी समय बाद ही उस मुहर का महत्त्व समझ में आया।

वस्तुत: जब इतिहासकार नए सवाल पूछना शुरू करते हैं या नए विषयों की खोज करते हैं तब उन्हें अक्सर नए प्रकार के स्रोतों की खोज करनी पड़ती है। यदि हम क्रांतिकारियों और विद्रोहियों के बारे में जानना चाहते हैं तो सरकारी कागज़ात सिर्फ़ एक अधूरी छवि ही प्रस्तुत कर पाएँगे। एक ऐसी छवि जो सरकारी पक्ष के द्वेष और पूर्वाग्रहों से रँगी हुई होगी। हमें विद्रोहियों की डायरी, उनके व्यक्तिगत पत्र, उनके लेख और उद्घोषणाओं जैसे दस्तावेज़ों को ढूँढ़ने की ज़रूरत पड़ेगी। ये सब आसानी से नहीं मिलते। यदि हम लोगों के अनुभवों को समझना चाहते हैं तो लिखित स्रोतों की अपेक्षा मौखिक स्रोत ज़्यादा बातें उद्घाटित कर पाएँगे।

जैसे-जैसे इतिहास की दृष्टि फैलती है वैसे-वैसे अतीत को समझने की कोशिश में लगे इतिहासकार नए सुरागों की तलाश में नए स्रोतों की खोज शुरू कर देते हैं। जब ऐसा होता है तब किन-किन चीज़ों को स्रोत माना जाए - इसकी समझ ही बदल जाती है। एक समय था जब सिर्फ़ लिखित दस्तावेज़ों को ही प्रामाणिक स्रोत माना जाता था। लिखित दस्तावेज़ों को सत्यापित किया जा सकता था, उनका हवाला दिया जा सकता था और उन्हें जाँचा जा सकता था। मौखिक साक्ष्य को एक वैध स्रोत ही नहीं माना जाता था। आखिर उसके सत्यापन या जाँच की गारंटी कौन लेता? मौखिक परंपरा में अविश्वास की यह स्थिति अभी भी पूरी तरह खत्म नहीं हुई है। लेकिन मौखिक परंपरा का अभिनव प्रयोग करके ऐसे अनुभवों को सामने लाया गया है जो दूसरे किसी दस्तावेज़ से प्रकट नहीं होते।

इस साल की किताब से आप इतिहासकारों की दुनिया में प्रवेश करेंगे, उनके साथ नए सूत्रों की तलाश करेंगे और देखेंगे कि वे किस तरह से अतीत के साथ संवाद करते हैं। आप देखेंगे कि वे किस तरह से स्रोतों से सार्थक जानकारी ढूँढ़ निकालते हैं, अभिलेखों को पढ़ते हैं, पुरास्थलों की खुदाई करते हैं, मनकों और हड्डियों के अर्थ निकालते हैं, महाकाव्यों की व्याख्या करते हैं, स्तूपों और इमारतों का निरीक्षण करते हैं, चित्रों और तसवीरों का परीक्षण करते हैं, पुलिस की रपट और राजस्व के दस्तावेज़ों की व्याख्या करते हैं और अतीत की आवाज़ों को सुनते हैं। हर विषयवस्तु एक विशेष किस्म के स्रोत की खासियत और संभावनाओं पर विचार करेगी। यह चर्चा करेगी कि कोई स्रोत क्या बता सकता है और क्या नहीं।

भारतीय इतिहास के कुछ विषय पुस्तक का यह भाग 1 है। भाग 2 और भाग 3 इसी क्रम में होंगे।

नीलाद्रि भट्टाचार्य

मुख्य सलाहकार

इतिहास

पाठ्यपुस्तक निर्माण समिति

अध्यक्ष, सामाजिक विज्ञान पाठ्यपुस्तक सलाहकार समिति

हरि वासुदेवन, *प्रोफ़ेसर*, इतिहास विभाग, कलकत्ता विश्वविद्यालय, कोलकाता

मुख्य सलाहकार

नीलाद्रि भट्टाचार्य, *प्रोफ़ेसर*, इतिहास अध्ययन केंद्र, जवाहरलाल नेहरू विश्वविद्यालय, नयी दिल्ली (विषय 9)

सलाहकार

कुमकुम रॉय, *एसोसिएट प्रोफ़ेसर*, इतिहास अध्ययन केंद्र, जवाहरलाल नेहरू विश्वविद्यालय, नयी दिल्ली (विषय 2)

मोनिका जुनेजा, *गेस्ट प्रोफ़ेसर*, इंस्टीट्यूट फ़ूरगेशीख्ट (इतिहास संबंधी अध्ययन के लिए संस्था), विएना, ऑस्ट्रिया

सदस्य

उमा चक्रवर्ती, *रीडर* (अवकाशप्राप्त), इतिहास, मिरांडा हाऊस, दिल्ली विश्वविद्यालय, दिल्ली (विषय 4)

कुणाल चक्रवर्ती, *प्रोफ़ेसर*, इतिहास अध्ययन केंद्र, जवाहरलाल नेहरू विश्वविद्यालय, नयी दिल्ली (विषय 3)

जया मेनन, *रीडर*, इतिहास विभाग, अलीगढ़ मुस्लिम विश्वविद्यालय, अलीगढ़ (विषय 1)

नजफ़ हैदर, *एसोसिएट प्रोफ़ेसर*, इतिहास अध्ययन केंद्र, जवाहरलाल नेहरू विश्वविद्यालय, नयी दिल्ली

पार्थो दत्ता, *रीडर*, इतिहास विभाग, जाकिर हुसैन कॉलेज (सांध्य कक्षाएँ), दिल्ली विश्वविद्यालय, दिल्ली

प्रभा सिंह, *पी.जी.टी.*, केंद्रीय विद्यालय, ओल्ड कैंट, तेलियरगंज, इलाहाबाद

फ़रहत हसन, *रीडर*, इतिहास विभाग, अलीगढ़ (विषय 5)

बीबा सोब्ती, *पी.जी.टी.*, मॉडर्न स्कूल, बाराखंबा रोड, नयी दिल्ली

मुज़फ़्फ़र आलम, *प्रोफ़ेसर*, दक्षिण-एशियाई इतिहास, शिकागो विश्वविद्यालय, शिकागो, यू.एस.ए.

मीनाक्षी खन्ना, *रीडर* (इतिहास), इंद्रप्रस्थ कॉलेज, दिल्ली विश्वविद्यालय, दिल्ली (विषय 6)

रजत दत्ता, *प्रोफ़ेसर*, इतिहास अध्ययन केंद्र, जवाहरलाल नेहरू विश्वविद्यालय, नयी दिल्ली (विषय 8)

रामचंद्र गुहा, *स्वतंत्र लेखक, मानवविज्ञानी एवं इतिहासकार*, बंगलौर (विषय 11)

रश्मि पालीवाल, एकलव्य, कोठी बाजार, होशंगाबाद

रूद्रांग्शू मुखर्जी, *कार्यकारी संपादक*, 'दि टेलीग्राफ़', कोलकाता (विषय 10)

विजया रामास्वामी, *प्रोफ़ेसर*, इतिहास अध्ययन केंद्र, जवाहरलाल नेहरू विश्वविद्यालय, नयी दिल्ली (विषय 7)

सी.एन. सुब्रमण्यम, एकलव्य, कोठी बाजार, होशंगाबाद (विषय 7)

स्मिता सहाय भट्टाचार्य, *पी.जी.टी.*, ब्लू बेल्स स्कूल, कैलाश कॉलोनी, नयी दिल्ली

सुमित सरकार, *प्रोफ़ेसर*-इतिहास (अवकाशप्राप्त), दिल्ली विश्वविद्यालय, दिल्ली (विषय 12)

अनुवादक

अनिल सेठी

पी.के. बसंत, *रीडर*, इतिहास एवं संस्कृति विभाग, जामिया मिल्लिया इस्लामिया, नयी दिल्ली

शालिनी शाह, *रीडर*, इंद्रप्रस्थ कॉलेज, दिल्ली विश्वविद्यालय, दिल्ली

संजय शर्मा, *लेक्चरर*, आत्माराम सनातन धर्म कॉलेज, दिल्ली विश्वविद्यालय, दिल्ली

सीमा एस. ओझा

हीरामन तिवारी, *असिस्टेंट प्रोफ़ेसर*, इतिहास अध्ययन केंद्र, जवाहरलाल नेहरू विश्वविद्यालय, नयी दिल्ली

सदस्य-समन्वयक

अनिल सेठी, *प्रोफ़ेसर*, सामाजिक विज्ञान शिक्षा विभाग, राष्ट्रीय शैक्षिक अनुसंधान और प्रशिक्षण परिषद, नयी दिल्ली

सीमा एस. ओझा, *लेक्चरर*, सामाजिक विज्ञान शिक्षा विभाग, राष्ट्रीय शैक्षिक अनुसंधान और प्रशिक्षण परिषद्, नयी दिल्ली

आभार

यह पुस्तक, *भारतीय इतिहास के कुछ विषय,* भाग 1, बहुत सारी चर्चाओं के बाद प्रकाश में आई है। ये चर्चाएँ विषय-विशेषज्ञों, विश्वविद्यालयों के लेखकों, स्कूल के अध्यापकों तथा एन.सी.ई.आर.टी. के व्यावसायिक विशेषज्ञों के बीच लगातार होती रहीं। हम उन सभी के आभारी हैं जिन्होंने उत्साहपूर्वक इन चर्चाओं में हिस्सा लिया। पुस्तक सामूहिक बौद्धिक संसाधनों और अनुभवों का ही परिणाम है।

अध्यायों के प्रारूपों पर कई लोगों ने अपनी टिप्पणियाँ दीं, इससे अनेक मुद्दे स्पष्ट हुए और पांडुलिपि के सुधार में मदद मिली। खासतौर पर हम अपने युवा पाठकों, मीरा एवं संध्या विश्वनाथन के शुक्रगुज़ार हैं जिनके सुझावों व टिप्पणियों की वजह से प्रस्तुति ज़्यादा प्रभावी बन पाई। बैशाख चक्रवर्ती ने हमें प्रोत्साहित किया। निगरानी समिति के सदस्यों प्रोफ़ेसर जे.एस. ग्रेवाल और शोभा वाजपेयी जी के सुझाव अत्यंत महत्वपूर्ण रहे।

प्रोफ़ेसर बी.डी. चट्टोपाध्याय ने अपनी व्यक्तिगत समस्याओं के बावजूद इस पुस्तक के लिए समय निकाला और आलोचनात्मक सलाह दी। प्रोफ़ेसर रणबीर चक्रवर्ती, प्रोफ़ेसर उपिन्दर सिंह एवं डॉ. सुप्रिया वर्मा ने भी मूल्यवान सुझाव दिए। डॉ. नसीम अख्तर, श्री वीरेंद्र बांगरू और डॉ. सुरेश मिश्रा ने चित्रों और लिखित सामग्री के कुछ विशेष पहलुओं पर सलाह दी। सुश्री समीरा वर्मा ने दृश्य और लेखन संबंधी शोध में लगातार त्वरित सहायता दी।

हम उ., सभी संस्थानों और व्यक्तियों को धन्यवाद देना चाहेंगे जिनसे हमें चित्र-मानचित्र आदि प्राप्त हुए : अमेरिकन इंस्टीट्यूट ऑफ़ इंडियन स्टडीज़, गुड़गाँव, भारतीय पुरातात्विक सर्वेक्षण, सांस्कृतिक स्रोत एवं प्रशिक्षण केंद्र, इंदिरा गांधी राष्ट्रीय कला केंद्र, राष्ट्रीय पांडुलिपि मिशन और राष्ट्रीय संग्रहालय। प्रोफ़ेसर ग्रेगरी एल. पोशेल से प्राप्त चित्र संबंधी सामग्री विषय एक में प्रयोग की गई है। राष्ट्रीय संग्रहालय के श्री आर.आर. एस. चौहान और श्री जे.सी. ग्रोवर एवं सी.आई.ई.टी., एन.सी.ई.आर.टी. के श्री वाई.के. गुप्ता की मदद से राष्ट्रीय संग्रहालय की पुरावस्तुओं की तस्वीरें ली जा सकी हैं। हम इन सभी के विशेष आभारी हैं। जवाहरलाल नेहरू विश्वविद्यालय के श्री के. वर्गीज़ ने इस पुस्तक के लिए मानचित्र बनाए।

श्रीमती श्यामा वार्नर ने इस पुस्तक के अंग्रेज़ी संस्करण की कॉपी एडिटिंग व प्रूफ रीडिंग की। आर्ट क्रियेशंस, नयी दिल्ली की रितु टोपा व अनिमेश रॉय जी ने पुस्तक को डिज़ाइन किया। इस काम से जुड़े धीरज, ध्यान और लगन के लिए हम इनके प्रति कृतज्ञता ज्ञापित करते हैं।

हम श्री एल्बिनस टिर्की और श्री मनोज हल्दर को भी उनके तकनीकी सहयोग और मदद के लिए धन्यवाद देना चाहेंगे। वैज्ञानिक एवं तकनीकी शब्दावली आयोग, नयी दिल्ली के अवकाशप्राप्त अनुसंधान अधिकारी (इतिहास एवं पुरातत्व) राजेन्द्र प्रसाद तिवारी ने पुस्तक के हिंदी अनुवाद में तकनीकी शब्दों को शुद्ध बनाने में योगदान दिया। हिंदी टाइपिंग का कार्य विजय कंप्यूटर, दिल्ली द्वारा किया गया। गिरीश गोयल और सरिता किमोठी *डी.टी.पी. ऑपरेटर;* मनोज मोहन *कॉपी एडीटर* ने इसमें सहयोग दिया। हम इन सभी के प्रति अपना आभार व्यक्त करते हैं।

परिषद्, इस संस्करण के पुनर्संयोजन के लिए पाठ्यक्रमों, पाठ्यपुस्तकों एवं विषय सामग्री के विश्लेषण हेतु दिए गए महत्वपूर्ण सहयोग के लिए उमेश अशोक कदम, *प्रोफ़ेसर,* सेंटर फ़ॉर हिस्टोरिकल स्टडीज़, जवाहरलाल नेहरू यूनिवर्सिटी, नयी दिल्ली; सुनील कुमार सिंह, *पी.जी.टी.,* इतिहास, केंद्रीय विद्यालय, ए.एफ.एस., तुगलकाबाद, महरौली बदरपुर रोड़, नयी दिल्ली; कृष्णा रंजन, *पी.जी.टी.* इतिहास, केंद्रीय विद्यालय, विकासपुरी, विलेज हस्तसाल, उत्तम नगर, दिल्ली; डॉ. अर्चना वर्मा, इतिहास विभाग, हिंदू कॉलेज, दिल्ली विश्वविद्यालय, दिल्ली; श्रुति मिश्रा, *पी.जी.टी.* एवं *विभागाध्यक्ष*, इतिहास, दिल्ली पब्लिक स्कूल, आर.के. पुरम, सेक्टर 12, नयी दिल्ली; गौरी श्रीवास्तव, *प्रोफ़ेसर* एवं *विभागाध्यक्ष*, डी.ई.एस.एस., एन.सी.ई.आर.टी., नयी दिल्ली; प्रत्युश के. मंडल, *प्रोफ़ेसर*, डी.ई.एस.एस., एन.सी.ई.आर.टी., नयी दिल्ली; सीमा एस. ओझा, *प्रोफ़ेसर*, डी.ई.एस.एस., एन.सी.ई.आर.टी., नयी दिल्ली; डॉ. शरद कुमार पांडेय, डी.सी.एस. एंड डी., एन.सी.ई.आर.टी., नयी दिल्ली के प्रति आभार व्यक्त करती है।

अंततः इस पुस्तक का प्रयोग करने वालों के सुझाव आमंत्रित हैं जिससे हमें इस पुस्तक के आगे आने वाले संस्करणों को सुधारने में मदद मिलेगी।

भाग 1

भाग 2*

इस पुस्तक का कैसे प्रयोग किया जाए?

यह पुस्तक भारतीय इतिहास के कुछ विषय का भाग 1 है। भाग 2 और भाग 3 इसी क्रम में होंगे।

- ☑ अध्ययन में मदद हेतु प्रत्येक अध्याय को कई भागों और उपभागों में बाँटा गया है। सरल पाठन के लिए इन भागों और उपभागों को संख्याएँ दी गई हैं।
- ☑ इसके अलावा कुछ सामग्री तीन तरह के बॉक्सों के अंतर्गत दी गई है।

संक्षेप में अर्थ

अतिरिक्त जानकारी

विस्तृत परिभाषाएँ

यह सामग्री ***परीक्षा में मूल्यांकन हेतु नहीं है।***
यह केवल समझने की प्रक्रिया पुख्ता बनाने और उसकी मदद करने के लिए है।

- ☑ प्रत्येक अध्याय के अंत में ***कालरेखाएँ*** दी गई हैं। ये परीक्षा में ***मूल्यांकन हेतु नहीं हैं।*** यह पाठ की सामग्री की पृष्ठभूमि की जानकारी के लिए हैं।
- ☑ प्रत्येक अध्याय में ***चित्र/रेखाचित्र, मानचित्र*** और ***स्रोत*** दिए गए हैं।

(क) **चित्रों** के अंतर्गत औज़ारों, मृद्भाण्डों, मुहरों, सिक्कों, आभूषणों आदि पुरावस्तुओं के चित्र एवं अभिलेखों, मूर्तियों, पेंटिंग, इमारतों, पुरास्थलों, नक्शों, लोगों तथा जगहों की तसवीरें हैं। इन सभी का इस्तेमाल इतिहासकार स्रोतों के रूप में करते हैं।

(ख) प्रत्येक अध्याय में **मानचित्र** दिए गए हैं।

स्रोत

(ग) स्रोत अलग तरह के बॉक्स में दिए गए हैं। तरह-तरह की लिखित सामग्री एवं अभिलेखों से अंश इनके अंतर्गत दिए गए हैं। लिखित साक्ष्यों के साथ ही चित्रों के साक्ष्य उन सुरागों से परिचित कराएँगे जिनका इतिहासकार इस्तेमाल करते हैं। आप यह भी देखेंगे कि इतिहासकार इनका विश्लेषण कैसे करते हैं। **अंतिम परीक्षा में समान/मिलती-जुलती सामग्री के अंश या फिर चित्र दिए जा सकते हैं। इस तरह आपको ऐसी सामग्री के प्रयोग का अवसर मिलेगा।**

☑ पाठ के अंतर्गत दो तरह के प्रश्न दिए गए हैं।

(क) पीले रंग के बॉक्स में वे प्रश्न दिए गए हैं जिनका ***मूल्यांकन*** **हेतु** ***अभ्यास*** किया जा सकता है।

(ख) चर्चा कीजिए... के अंतर्गत वे प्रश्न दिए गए हैं जो ***मूल्यांकन के लिए नहीं हैं।***

☑ प्रत्येक अध्याय के अंत में ***चार तरह*** के अभ्यास कार्य दिए गए हैं :

लघु प्रश्न

लघु निबंध

मानचित्र कार्य

परियोजना कार्य

ये अंतिम परीक्षा व मूल्यांकन हेतु अभ्यास के लिए दिए गए हैं।

आशा है आपको इस पुस्तक का प्रयोग दिलचस्प लगेगा।

विषय एक

ईंटें, मनके तथा अस्थियाँ
हड़प्पा सभ्यता

12095CH01

हड़प्पाई मुहर (चित्र 1.1) संभवतः हड़प्पा अथवा सिंधु घाटी सभ्यता की सबसे विशिष्ट पुरावस्तु है। सेलखड़ी नामक पत्थर से बनाई गई इन मुहरों पर सामान्य रूप से जानवरों के चित्र तथा एक ऐसी लिपि के चिह्न उत्कीर्णित हैं जिन्हें अभी तक पढ़ा नहीं जा सका है। फिर भी हमें इस क्षेत्र में उस समय बसे लोगों के जीवन के विषय में उनके द्वारा पीछे छोड़ी गई पुरावस्तुओं–जैसे उनके आवासों, मृदभाण्डों, आभूषणों, औज़ारों तथा मुहरों–दूसरे शब्दों में पुरातात्विक साक्ष्यों के माध्यम से बहुत जानकारी मिलती है। अब हम देखेंगे कि हम हड़प्पा सभ्यता के विषय में *क्या* और *कैसे* जानते हैं। हम यह अन्वेषण करेंगे कि पुरातात्विक साक्ष्यों की व्याख्या *कैसे* की जाती है और इन व्याख्याओं में *कैसे* कभी-कभी बदलाव आ जाता है। निश्चित रूप से इस सभ्यता के कई पहलू आज भी हमारी जानकारी से परे हैं और हो सकता है, हमेशा ही रहें।

चित्र 1.1
एक हड़प्पाई मुहर

पारिभाषिक शब्द, स्थान तथा काल

सिंधु घाटी सभ्यता को *हड़प्पा संस्कृति* भी कहा जाता है। पुरातत्वविद 'संस्कृति' शब्द का प्रयोग पुरावस्तुओं के ऐसे समूह के लिए करते हैं जो एक विशिष्ट शैली के होते हैं और सामान्यतया एक साथ, एक विशेष भौगोलिक क्षेत्र तथा काल-खंड से संबद्ध पाए जाते हैं। हड़प्पा सभ्यता के संदर्भ में इन विशिष्ट पुरावस्तुओं में मुहरें, मनके, बाट, पत्थर के फलक (चित्र 1.2) और पकी हुई ईंटें सम्मिलित हैं। ये वस्तुएँ अफ़गानिस्तान, जम्मू, बलूचिस्तान (पाकिस्तान) तथा गुजरात जैसे क्षेत्रों से मिली हैं जो एक दूसरे से लंबी दूरी पर स्थित हैं (मानचित्र 1)।

इस सभ्यता का नामकरण, हड़प्पा नामक स्थान, जहाँ यह संस्कृति पहली बार खोजी गई थी (पृष्ठ 6), के नाम पर किया गया है। इसका काल निर्धारण लगभग 2600 और 1900 ईसा पूर्व के बीच किया गया है। इस क्षेत्र में इस सभ्यता से पहले और बाद में भी संस्कृतियाँ अस्तित्व में थीं जिन्हें क्रमशः आरंभिक तथा परवर्ती हड़प्पा कहा जाता है। इन संस्कृतियों से हड़प्पा सभ्यता को अलग करने के लिए कभी-कभी इसे विकसित हड़प्पा संस्कृति भी कहा जाता है।

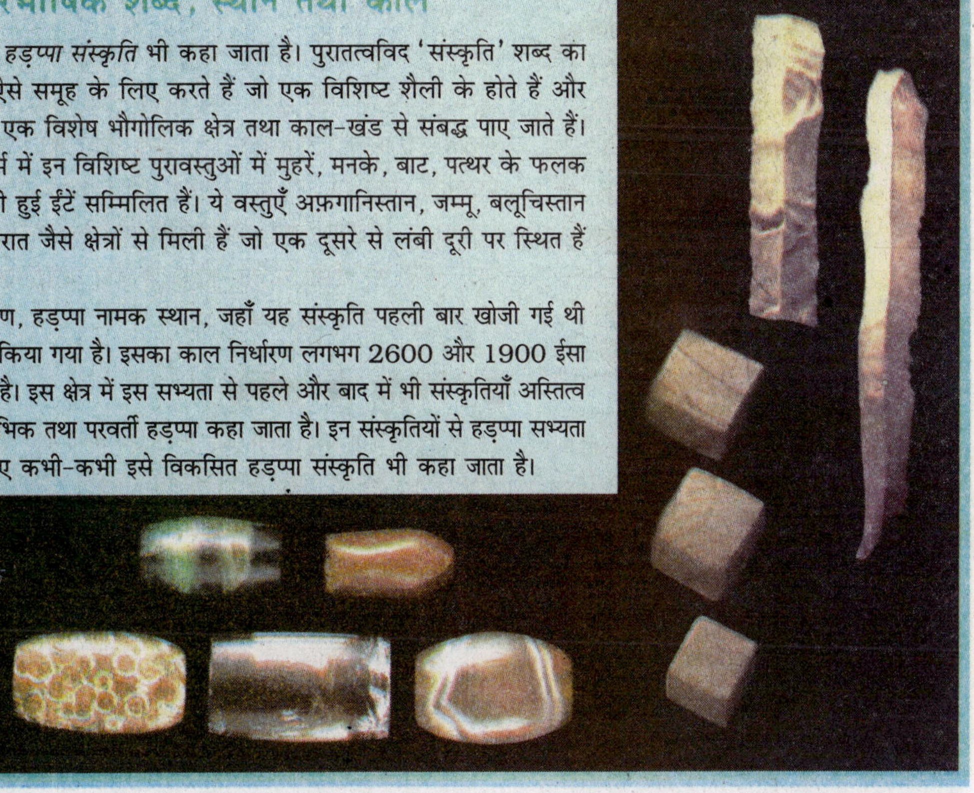

चित्र 1.2
मनके, बाट तथा फलक

अंग्रेज़ी में बी.सी. (हिंदी में ई.पू.) का तात्पर्य 'बिफोर क्राइस्ट' (ईसा पूर्व) से है। कभी-कभी आप तिथियों से पहले ए.डी. (हिंदी में ई.) लिखा पाते हैं। यह 'एनो डॉमिनी' नामक दो लैटिन शब्दों से बना है तथा इसका तात्पर्य ईसा मसीह के जन्म के वर्ष से है। आजकल ए.डी. की जगह सी.ई. तथा बी.सी. की जगह बी.सी.ई. का प्रयोग होता है। सी.ई. अक्षरों का प्रयोग 'कॉमन एरा' तथा बी.सी.ई. का 'बिफ़ोर कॉमन एरा' के लिए होता है। हम इन शब्दों का प्रयोग इसलिए करते हैं क्योंकि विश्व के अधिकांश देशों में अब 'कॉमन एरा' का प्रयोग सामान्य हो गया है। कभी-कभी अंग्रेज़ी के बी.पी. अक्षरों का प्रयोग होता है, जिसका तात्पर्य 'बिफ़ोर प्रेज़ेंट' है। इस पुस्तक में हमने बी.सी.ई. के लिए ई.पू., सी.ई. के लिए ई. तथा बी.पी. के लिए वर्तमान से पहले शब्दों का प्रयोग किया है।

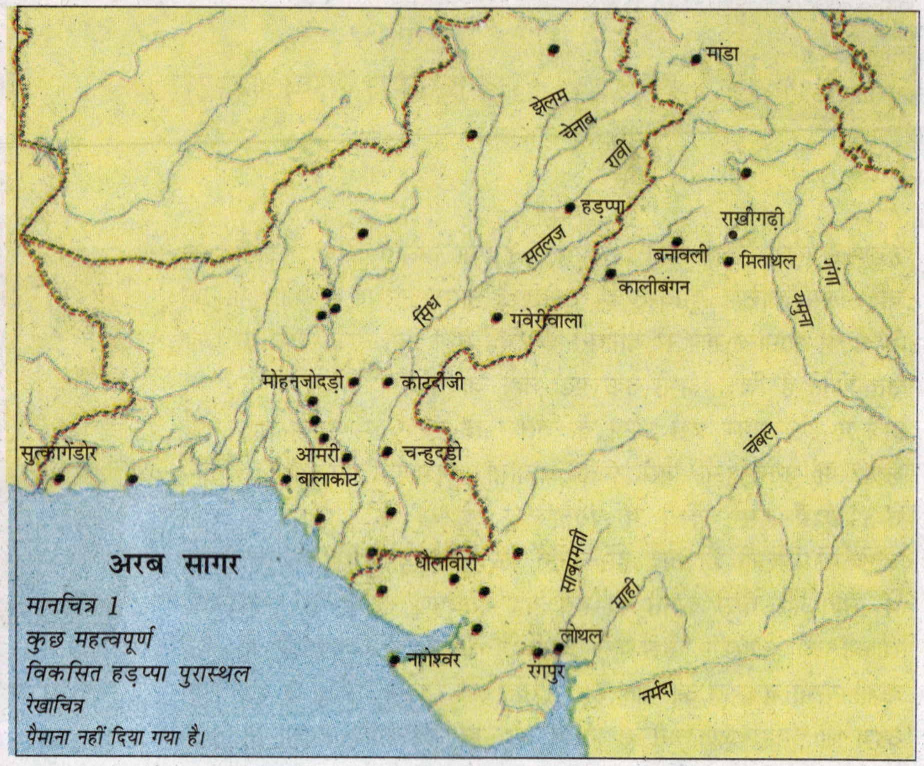

मानचित्र 1
कुछ महत्वपूर्ण विकसित हड़प्पा पुरास्थल
रेखाचित्र
पैमाना नहीं दिया गया है।

1. आरंभ

इस क्षेत्र में विकसित हड़प्पा से पहले भी कई संस्कृतियाँ अस्तित्व में थीं। ये संस्कृतियाँ अपनी विशिष्ट मृदभाण्ड शैली से संबद्ध थीं तथा इनके संदर्भ में हमें कृषि, पशुपालन तथा कुछ शिल्पकारी के साक्ष्य भी मिलते हैं। बस्तियाँ आमतौर पर छोटी होती थीं और इनमें बड़े आकार की संरचनाएँ लगभग न के बराबर थीं। कुछ स्थलों पर बड़े पैमाने पर इलाकों में जलाए जाने के संकेतों से तथा कुछ अन्य स्थलों के त्याग दिए जाने से ऐसा प्रतीत होता है कि आरंभिक हड़प्पा तथा हड़प्पा सभ्यता के बीच क्रम-भंग था।

आरंभिक तथा विकसित हड़प्पा संस्कृतियाँ

सिंध और चोलिस्तान (थार रेगिस्तान से लगा हुआ पाकिस्तान का रेगिस्तानी क्षेत्र) में बस्तियों की संख्या के संबंध में ये आँकड़े देखिए।

	सिंध	चोलिस्तान
बस्तियों की कुल संख्या	106	239
आरंभिक हड़प्पा स्थल	52	37
विकसित हड़प्पा स्थल	65	136
नए स्थलों पर विकसित हड़प्पा बस्तियाँ	43	132
त्याग दिए गए आरंभिक हड़प्पा स्थल	29	33

2. निर्वाह के तरीके

आपने मानचित्रों (1 तथा 2) में देखा होगा कि विकसित हड़प्पा संस्कृति कुछ ऐसे स्थानों पर पनपी जहाँ पहले आरंभिक हड़प्पा संस्कृतियाँ अस्तित्व में थीं। इन संस्कृतियों में कई तत्व जिनमें निर्वाह के तरीके शामिल हैं, समान थे। हड़प्पा सभ्यता के निवासी कई प्रकार के पेड़-पौधों से प्राप्त उत्पाद और जानवरों जिनमें मछली भी शामिल है, से प्राप्त भोजन करते थे। जले अनाज के दानों तथा बीजों की खोज से पुरातत्वविद आहार संबंधी आदतों के विषय में जानकारी प्राप्त करने में सफल हो पाए हैं। इनका अध्ययन पुरा-वनस्पतिज्ञ करते हैं जो प्राचीन वनस्पति के अध्ययन

के विशेषज्ञ होते हैं। हड़प्पा स्थलों से मिले अनाज के दानों में गेहूँ, जौ, दाल, सफ़ेद चना तथा तिल शामिल हैं। बाजरे के दाने गुजरात के स्थलों से प्राप्त हुए थे। चावल के दाने अपेक्षाकृत कम पाए गए हैं।

हड़प्पा स्थलों से मिली जानवरों की हड्डियों में मवेशियों, भेड़, बकरी, भैंस तथा सूअर की हड्डियाँ शामिल हैं। पुरा-प्राणिविज्ञानियों अथवा जीव-पुरातत्वविदों द्वारा किए गए अध्ययनों से संकेत मिलता है कि ये सभी जानवर पालतू थे। जंगली प्रजातियों जैसे वराह (सूअर), हिरण तथा घड़ियाल की हड्डियाँ भी मिली हैं। हम यह नहीं जान पाए हैं कि हड़प्पा-निवासी स्वयं इन जानवरों का शिकार करते थे अथवा अन्य आखेटक-समुदायों से इनका मांस प्राप्त करते थे। मछली तथा पक्षियों की हड्डियाँ भी मिली हैं।

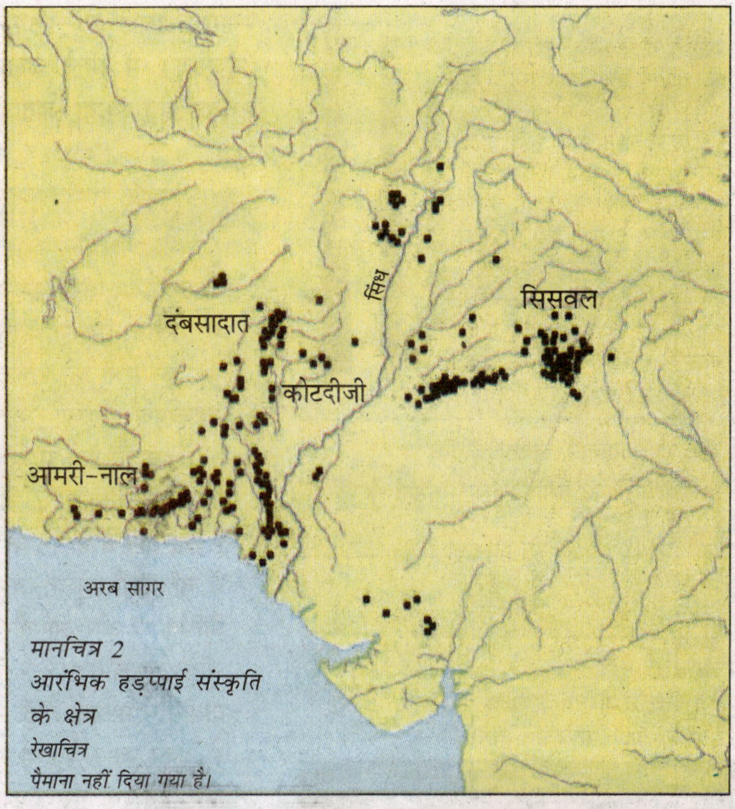

मानचित्र 2
आरंभिक हड़प्पाई संस्कृति के क्षेत्र
रेखाचित्र
पैमाना नहीं दिया गया है।

2.1 कृषि प्रौद्योगिकी

हालाँकि अनाज के दानों से कृषि के संकेत मिलते हैं पर वास्तविक कृषि विधियों के विषय में स्पष्ट जानकारी मिलना कठिन है। क्या जुते हुए खेतों में बीजों का छिड़काव किया जाता था? मुहरों पर किए गए रेखांकन तथा मृण्मूर्तियाँ यह इंगित करती हैं कि वृषभ के विषय में जानकारी थी और इस आधार पर पुरातत्वविद यह मानते हैं कि खेत जोतने के लिए बैलों का प्रयोग होता था। साथ ही चोलिस्तान के कई स्थलों और बनावली (हरियाणा) से मिट्टी से बने हल के प्रतिरूप मिले हैं। इसके अतिरिक्त पुरातत्वविदों को कालीबंगन (राजस्थान) नामक स्थान पर जुते हुए खेत का साक्ष्य मिला है जो आरंभिक हड़प्पा स्तरों से संबद्ध है। इस खेत में हल रेखाओं के दो समूह एक-दूसरे को समकोण पर काटते हुए विद्यमान थे जो दर्शाते हैं कि एक साथ दो अलग-अलग फ़सलें उगाई जाती थीं।

पुरातत्वविदों ने फ़सलों की कटाई के लिए प्रयुक्त औज़ारों को पहचानने का प्रयास भी किया है। क्या हड़प्पा सभ्यता के लोग लकड़ी के हत्थों में बिठाए गए पत्थर के फलकों का प्रयोग करते थे या फिर वे धातु के औज़ारों का प्रयोग करते थे?

अधिकांश हड़प्पा स्थल अर्ध-शुष्क क्षेत्रों में स्थित हैं जहाँ संभवत: कृषि के लिए सिंचाई की आवश्यकता पड़ती होगी। अफ़गानिस्तान में शोर्तुघई नामक हड़प्पा स्थल से नहरों के कुछ अवशेष मिले हैं, परंतु पंजाब और सिंध में नहीं। ऐसा संभव है कि प्राचीन नहरें बहुत पहले ही गाद से भर गई थीं। ऐसा भी हो सकता है कि कुओं से प्राप्त पानी का

चित्र 1.3
पकी मिट्टी से बना वृषभ

चर्चा कीजिए...

मानचित्र 1 तथा 2 की आपस में तुलना कीजिए तथा इनमें बस्तियों के वितरण में समानताओं तथा असमानताओं की सूची बनाइए।

चित्र 1.4
धातु के औज़ार

➲ क्या आपको लगता है कि इन औज़ारों का प्रयोग फसल कटाई के लिए किया जाता होगा?

प्रयोग सिंचाई के लिए किया जाता हो। इसके अतिरिक्त धौलावीरा (गुजरात) में मिले जलाशयों का प्रयोग संभवत: कृषि के लिए जल संचयन हेतु किया जाता था।

चित्र 1.5
धौलावीरा से मिला जलाशय। इसके राजगिरी-कार्य पर ध्यान दीजिए।

स्रोत 1

पुरावस्तुओं की पहचान कैसे की जाती है

भोजन तैयार करने की प्रक्रिया में अनाज पीसने के यंत्र तथा उन्हें आपस में मिलाने, मिश्रण करने तथा पकाने के लिए बरतनों की आवश्यकता थी। इन सभी को पत्थर, धातु तथा मिट्टी से बनाया जाता था। यहाँ एक महत्वपूर्ण हड़प्पा स्थल मोहनजोदड़ो में हुए उत्खननों पर सबसे आरंभिक रिपोर्टों में से एक से कुछ उद्धरण दिए जा रहे हैं:

अवतल चक्कियाँ ... बड़ी संख्या में मिली हैं ... और ऐसा प्रतीत होता है कि अनाज पीसने के लिए प्रयुक्त ये एकमात्र साधन थीं। साधारणत: ये चक्कियाँ स्थूलत: कठोर, कंकरीले, अग्निज अथवा बलुआ पत्थर से निर्मित थीं और आमतौर पर इनसे अत्यधिक प्रयोग के संकेत मिलते हैं। चूँकि इन चक्कियों के तल सामान्यतया उत्तल हैं, निश्चित रूप से इन्हें ज़मीन में अथवा मिट्टी में जमा कर रखा जाता होगा जिससे इन्हें हिलने से रोका जा सके। दो मुख्य प्रकार की चक्कियाँ मिली हैं। एक वे हैं जिन पर एक दूसरा छोटा पत्थर आगे-पीछे चलाया जाता था, जिससे निचला पत्थर खोखला हो गया था, तथा दूसरी वे हैं जिनका प्रयोग संभवत: केवल सालन या तरी बनाने के लिए जड़ी-बूटियों तथा मसालों को कूटने के लिए किया जाता था। इन दूसरे प्रकार के पत्थरों को हमारे श्रमिकों द्वारा 'सालन पत्थर' का नाम दिया गया है तथा हमारे बावर्ची ने एक यही पत्थर रसोई में प्रयोग के लिए संग्रहालय से उधार माँगा है।

अर्नेस्ट मैके, फर्दर *एक्सकैवेशन्स एट मोहनजोदड़ो*, 1937 से उद्धृत

चित्र 1.6
अवतल चक्की

➲ पुरातत्वविद वर्तमान समय की तुलनाओं से यह समझने का प्रयास करते हैं कि प्राचीन पुरावस्तुएँ किस प्रयोग में लायी जाती थीं। मैके खोजी गई वस्तु की तुलना आजकल की चक्कियों से कर रहे थे? क्या यह एक उपयोगी नीति है?

➲ चर्चा कीजिए...

आहार संबंधी आदतों को जानने के लिए पुरातत्वविद किन साक्ष्यों का इस्तेमाल करते हैं।

3. मोहनजोदड़ो
एक नियोजित शहरी केंद्र

संभवतः हड़प्पा सभ्यता का सबसे अनूठा पहलू शहरी केंद्रों का विकास था। आइए ऐसे ही एक केंद्र, मोहनजोदड़ो को और सूक्ष्मता से देखते हैं। हालाँकि मोहनजोदड़ो सबसे प्रसिद्ध पुरास्थल है, सबसे पहले खोजा गया स्थल हड़प्पा था।

बस्ती दो भागों में विभाजित है, एक छोटा लेकिन ऊँचाई पर बनाया गया और दूसरा कहीं अधिक बड़ा लेकिन नीचे बनाया गया। पुरातत्वविदों

चित्र 1.7
मोहनजोदड़ो का नक्शा

➲ निचला शहर दुर्ग से किस प्रकार भिन्न है?

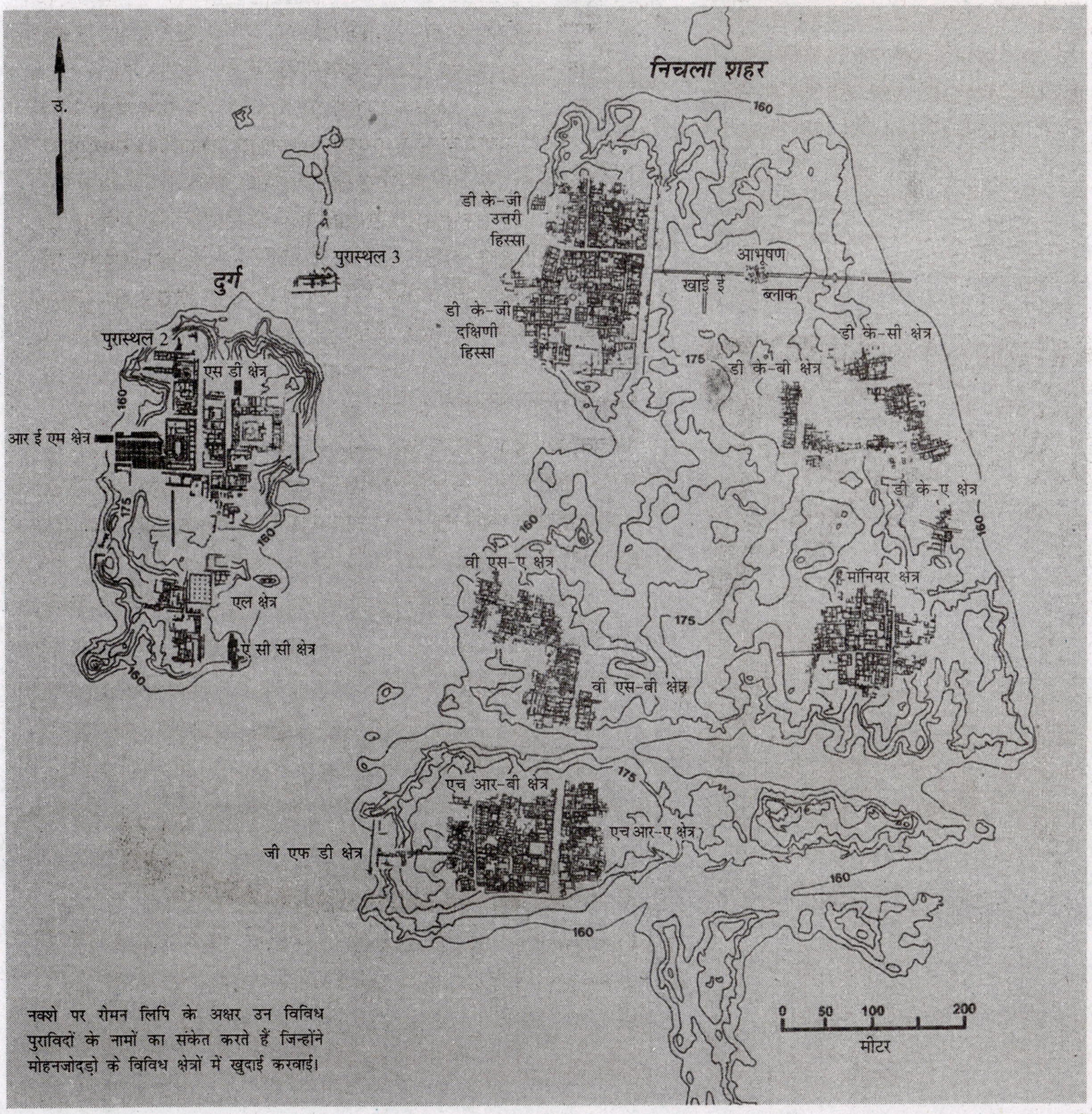

नक्शे पर रोमन लिपि के अक्षर उन विविध पुराविदों के नामों का संकेत करते हैं जिन्होंने मोहनजोदड़ो के विविध क्षेत्रों में खुदाई करवाई।

हड़प्पा की दुर्दशा

हालाँकि हड़प्पा सबसे पहले खोजा गया स्थल था, इसे ईंट चुराने वालों ने बुरी तरह से नष्ट कर दिया था। 1875 में ही भारतीय पुरातात्विक सर्वेक्षण के पहले जनरल अलेक्ज़ैंडर कनिंघम, जिन्हें सामान्यत: भारतीय पुरातत्व का जनक भी कहा जाता है, ने लिखा था कि प्राचीन स्थल से ले जाई गई ईंटों की मात्रा ''लगभग 100 मील'' लंबी लाहौर तथा मुल्तान के बीच की रेल-पटरी के लिए ईंटें बिछाने के लिए पर्याप्त थी। इस प्रकार इस स्थल की कई प्राचीन संरचनाएँ नष्ट कर दी गईं। इसके विपरीत मोहनजोदड़ो कहीं बेहतर संरक्षित था।

ने इन्हें क्रमश: दुर्ग और निचला शहर का नाम दिया है। दुर्ग की ऊँचाई का कारण यह था कि यहाँ की संरचनाएँ कच्ची ईंटों के चबूतरे पर बनी थीं। दुर्ग को दीवार से घेरा गया था जिसका अर्थ है कि इसे निचले शहर से अलग किया गया था।

निचला शहर भी दीवार से घेरा गया था। इसके अतिरिक्त कई भवनों को ऊँचे चबूतरों पर बनाया गया था जो नींव का कार्य करते थे। अनुमान लगाया गया है कि यदि एक श्रमिक प्रतिदिन एक घनीय मीटर मिट्टी ढोता होगा, तो मात्र आधारों को बनाने के लिए ही चालीस लाख श्रम-दिवसों, अर्थात् बहुत बड़े पैमाने पर श्रम की आवश्यकता पड़ी होगी।

अब कुछ और देखिए। एक बार चबूतरों के यथास्थान बनने के बाद शहर का सारा भवन-निर्माण कार्य चबूतरों पर एक निश्चित क्षेत्र तक सीमित था। इसलिए ऐसा प्रतीत होता है कि पहले बस्ती का नियोजन किया गया था और फिर उसके अनुसार कार्यान्वयन। नियोजन के अन्य लक्षणों में ईंटें शामिल हैं जो भले ही धूप में सुखाकर अथवा भट्ठी में पकाकर बनाई गई हों, एक निश्चित अनुपात की होती थीं, जहाँ लंबाई और चौड़ाई, ऊँचाई की क्रमशः चार गुनी और दोगुनी होती थी। इस प्रकार की ईंटें सभी हड़प्पा बस्तियों में प्रयोग में लाई गई थीं।

3.1 नालों का निर्माण

हड़प्पा शहरों की सबसे अनूठी विशिष्टताओं में से एक ध्यानपूर्वक नियोजित जल निकास प्रणाली थी। यदि आप निचले शहर के नक्शे को देखें तो आप यह जान पाएँगे कि सड़कों तथा गलियों को लगभग एक 'ग्रिड' पद्धति में बनाया गया था और ये एक दूसरे को समकोण पर काटती थीं। ऐसा प्रतीत होता है कि पहले नालियों के साथ गलियों को बनाया गया था और फिर उनके अगल-बगल आवासों का निर्माण किया गया था। यदि घरों के गंदे पानी को गलियों की नालियों से जोड़ना था तो प्रत्येक घर की कम से कम एक दीवार का गली से सटा होना आवश्यक था।

चित्र 1.8
मोहनजोदड़ो की एक नाली और इसके विशाल प्रवेशद्वार को देखिए

दुर्ग

हालाँकि अधिकांश हड़प्पा बस्तियों में एक छोटा ऊँचा पश्चिमी तथा एक बड़ा लेकिन निचला पूर्वी भाग है, पर इस नियोजन में विविधताएँ भी हैं। धौलावीरा तथा लोथल (गुजरात) जैसे स्थलों पर पूरी बस्ती किलेबंद थी, तथा शहर के कई हिस्से भी दीवारों से घेर कर अलग किए गए थे। लोथल में दुर्ग दीवार से घिरा तो नहीं था पर कुछ ऊँचाई पर बनाया गया था।

3.2 गृह स्थापत्य

मोहनजोदड़ो का निचला शहर आवासीय भवनों के उदाहरण प्रस्तुत करता है। इनमें से कई एक आँगन पर केंद्रित थे जिसके चारों ओर कमरे बने थे। संभवतः आँगन, खाना पकाने और कताई करने जैसी गतिविधियों का केंद्र था, खास तौर से गर्म और शुष्क मौसम में। यहाँ का एक अन्य रोचक पहलू लोगों द्वारा अपनी एकांतता को दिया जाने वाला महत्त्व था: भूमि तल पर बनी दीवारों में खिड़कियाँ नहीं हैं। इसके अतिरिक्त मुख्य द्वार से आंतरिक भाग अथवा आँगन का सीधा अवलोकन नहीं होता है।

हर घर का ईंटों के फ़र्श से बना अपना एक स्नानघर होता था जिसकी नालियाँ दीवार के माध्यम से सड़क की नालियों से जुड़ी हुई थीं। कुछ घरों में दूसरे तल या छत पर जाने हेतु बनाई गई सीढ़ियों के अवशेष मिले थे। कई आवासों में कुएँ थे जो अधिकांशतः एक ऐसे कक्ष में बनाए गए थे जिसमें बाहर से आया जा सकता था और जिनका प्रयोग संभवतः राहगीरों द्वारा किया जाता था। विद्वानों ने अनुमान लगाया है कि मोहनजोदड़ो में कुओं की कुल संख्या लगभग 700 थी।

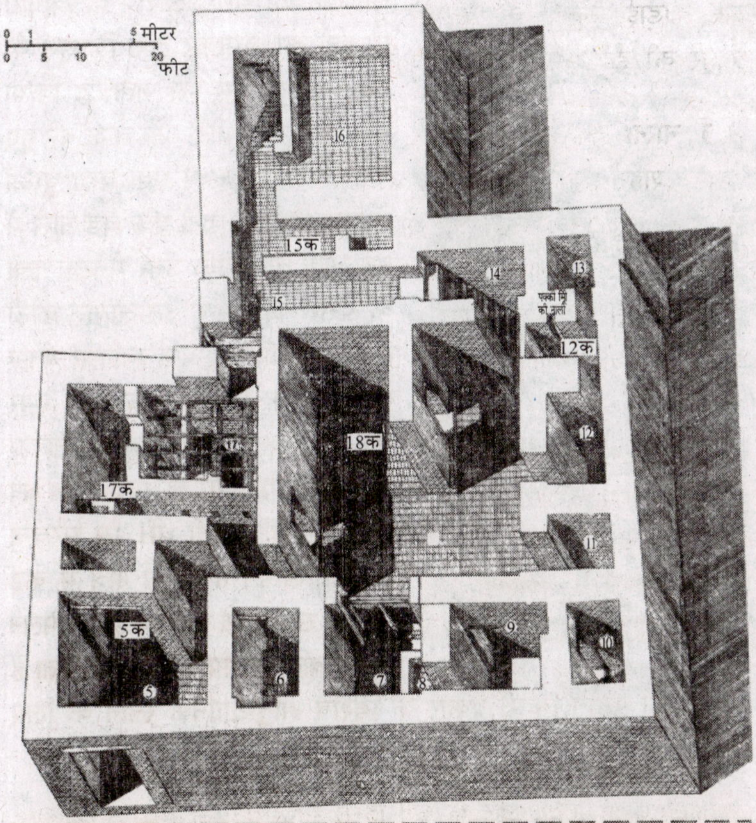

चित्र 1.9
यह मोहनजोदड़ो में एक बड़े आवास का सममितीय आरेखण है। कमरा न. 6 में एक कुआँ था।

➲ आँगन कहाँ है? दो सीढ़ियाँ कहाँ हैं? आवास का प्रवेशद्वार कैसा है?

स्रोत 2

अब तक खोजी गई प्राचीनतम प्रणाली

नालियों के विषय में मैके लिखते हैं: "निश्चित रूप से यह अब तक खोजी गई सर्वथा संपूर्ण प्राचीन प्रणाली है।" हर आवास गली की नालियों से जोड़ा गया था। मुख्य नाले गारे में जमाई गई ईंटों से बने थे और इन्हें ऐसी ईंटों से ढँका गया था जिन्हें सफ़ाई के लिए हटाया जा सके। कुछ स्थानों पर ढँकने के लिए चूना पत्थर की पट्टिका का प्रयोग किया गया था। घरों की नालियाँ पहले एक हौदी या मलकुंड में खाली होती थीं जिसमें ठोस पदार्थ जमा हो जाता था और गंदा पानी गली की नालियों में बह जाता था। बहुत लंबे नालों में कुछ अंतरालों पर सफ़ाई के लिए हौदियाँ बनाई गई थीं। यह पुरातत्व का एक अजूबा ही है कि "मलबे, मुख्यतः रेत के छोटे-छोटे ढेर सामान्यतः निकासी के नालों के अगल-बगल पड़े मिले हैं जो दर्शाते हैं..... कि नालों की सफ़ाई के बाद कचरे को हमेशा हटाया नहीं जाता था।"

अर्नेस्ट मैके, *अर्ली इंडस सिविलाईज़ेशन,* 1948

जल निकास प्रणालियाँ केवल बड़े शहरों तक ही सीमित नहीं थीं बल्कि ये कई छोटी बस्तियों में भी मिली थीं। उदाहरण के लिए, लोथल में आवासों के निर्माण के लिए जहाँ कच्ची ईंटों का प्रयोग हुआ था, वहीं नालियाँ पकी ईंटों से बनाई गई थीं।

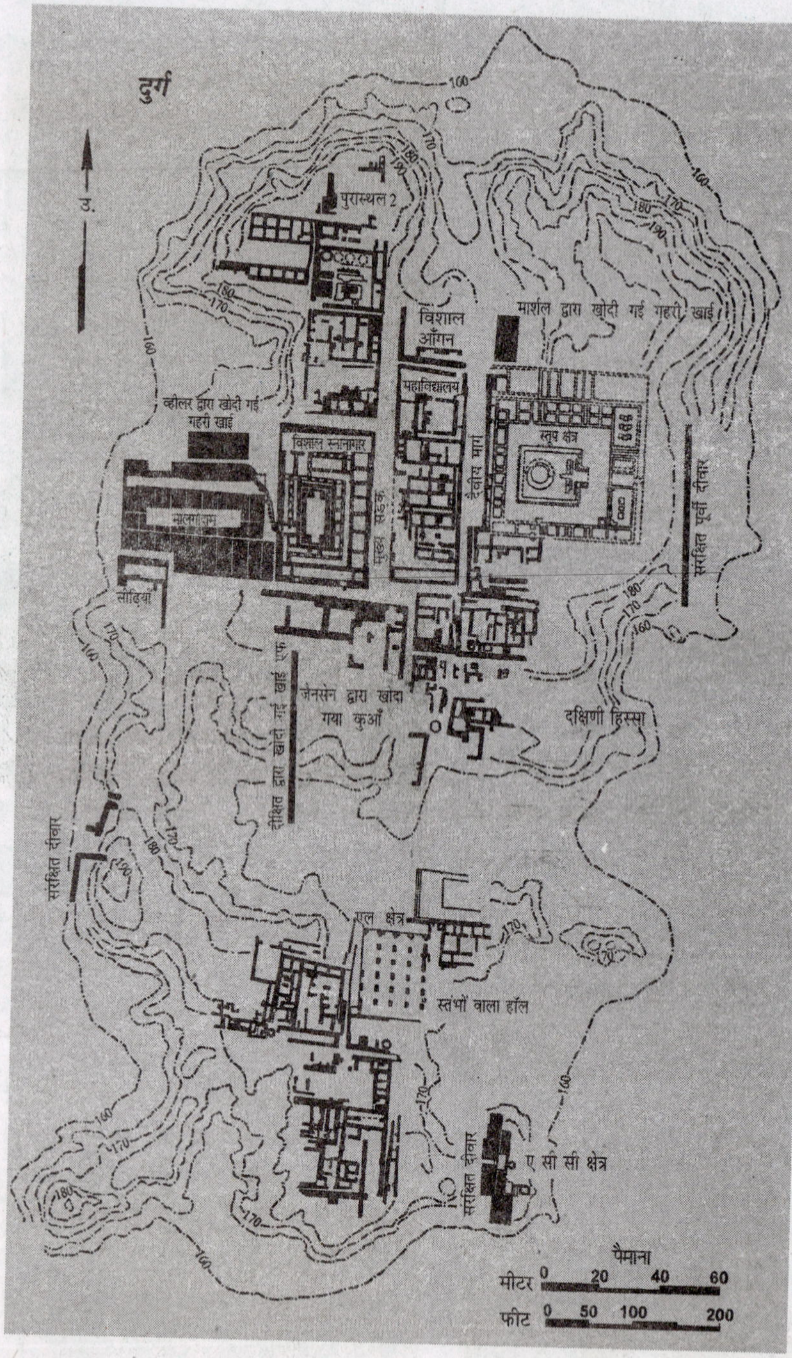

चित्र 1.10
दुर्ग का नक्शा

3.3 दुर्ग

दुर्ग पर हमें ऐसी संरचनाओं के साक्ष्य मिलते हैं जिनका प्रयोग संभवतः विशिष्ट सार्वजनिक प्रयोजनों के लिए किया जाता था। इनमें एक मालगोदाम–एक ऐसी विशाल संरचना है जिसके ईंटों से बने केवल निचले हिस्से शेष हैं, जबकि ऊपरी हिस्से जो संभवतः लकड़ी से बने थे, बहुत पहले ही नष्ट हो गए थे–और विशाल स्नानागार सम्मिलित हैं।

विशाल स्नानागार आँगन में बना एक आयताकार जलाशय है जो चारों ओर से एक गलियारे से घिरा हुआ है। जलाशय के तल तक जाने के लिए इसके उत्तरी और दक्षिणी भाग में दो सीढ़ियाँ बनी थीं। जलाशय के किनारों पर ईंटों को जमाकर तथा जिप्सम के गारे के प्रयोग से इसे जलबद्ध किया गया था। इसके तीनों ओर कक्ष बने हुए थे जिनमें से एक में एक बड़ा कुआँ था। जलाशय से पानी एक बड़े नाले में बह जाता था। इसके उत्तर में एक गली के दूसरी ओर एक अपेक्षाकृत छोटी संरचना थी जिसमें आठ स्नानघर बनाए गए थे। एक गलियारे के दोनों ओर चार-चार स्नानघर बने थे। प्रत्येक स्नानघर से नालियाँ, गलियारे के साथ-साथ बने एक नाले में मिलती थीं। इस संरचना का अनोखापन तथा दुर्ग क्षेत्र में कई विशिष्ट संरचनाओं के साथ इनके मिलने से इस बात का स्पष्ट संकेत मिलता है कि इसका प्रयोग किसी प्रकार के विशेष आनुष्ठानिक स्नान के लिए किया जाता था।

➲ चर्चा कीजिए...

मोहनजोदड़ो के कौन से वास्तुकला संबंधी लक्षण नियोजन की ओर संकेत करते हैं?

➲ क्या दुर्ग पर मालगोदाम तथा स्नानागार के अतिरिक्त अन्य संरचनाएँ भी हैं?

4. सामाजिक भिन्नताओं का अवलोकन

4.1 शवाधान

पुरातत्वविद यह जानने के लिए कि क्या किसी संस्कृति विशेष में रहने वाले लोगों के बीच सामाजिक तथा आर्थिक भिन्नताएँ थीं, सामान्यत: कई विधियों का प्रयोग करते हैं। इन्हीं विधियों में से एक शवाधानों का अध्ययन है। आप संभवत: मिस्र के विशाल पिरामिडों जिनमें से कुछ हड़प्पा सभ्यता के समकालीन थे, से परिचित हैं। इनमें से कई पिरामिड राजकीय शवाधान थे जहाँ बहुत बड़ी मात्रा में धन-संपत्ति दफ़नाई गई थी।

हड़प्पा स्थलों से मिले शवाधानों में आमतौर पर मृतकों को गर्तों में दफ़नाया गया था। कभी-कभी शवाधान गर्त की बनावट एक-दूसरे से भिन्न होती थी–कुछ स्थानों पर गर्त की सतहों पर ईंटों की चिनाई की गई थी। क्या ये विविधताएँ सामाजिक भिन्नताओं की ओर संकेत करती हैं? कहना कठिन है।

कुछ कब्रों में मृदभाण्ड तथा आभूषण मिले हैं जो संभवत: एक ऐसी मान्यता की ओर संकेत करते हैं जिसके अनुसार इन वस्तुओं का मृत्योपरांत प्रयोग किया जा सकता था। पुरुषों और महिलाओं, दोनों के शवाधानों से आभूषण मिले हैं। 1980 के दशक के मध्य में हड़प्पा के कब्रिस्तान में हुए उत्खननों में एक पुरुष की खोपड़ी के समीप शंख के तीन छल्लों, जैस्पर (एक प्रकार का उपरत्न) के मनके तथा सैकड़ों की संख्या में सूक्ष्म मनकों से बना एक आभूषण मिला था। कहीं-कहीं पर मृतकों को ताँबे के दर्पणों के साथ दफ़नाया गया था। परंतु कुल मिलाकर ऐसा लगता है कि हड़प्पा सभ्यता के निवासियों का मृतकों के साथ बहुमूल्य वस्तुएँ दफ़नाने में विश्वास नहीं था।

चित्र 1.11
एक ताँबे का दर्पण

4.2 'विलासिता' की वस्तुओं की खोज

सामाजिक भिन्नता को पहचानने की एक अन्य विधि है ऐसी पुरावस्तुओं का अध्ययन जिन्हें पुरातत्वविद मोटे तौर पर, उपयोगी तथा विलास की वस्तुओं में वर्गीकृत करते हैं। पहले वर्ग में रोज़मर्रा के उपयोग की वस्तुएँ सम्मिलित हैं जिन्हें पत्थर अथवा मिट्टी जैसे सामान्य पदार्थों से आसानी से बनाया जा सकता है। इनमें चक्कियाँ, मृदभाण्ड, सूइयाँ, झाँवा आदि शामिल हैं। ये वस्तुएँ सामान्य रूप से बस्तियों में सर्वत्र पाई गई हैं। पुरातत्वविद उन वस्तुओं को कीमती मानते हैं जो दुर्लभ हों अथवा मँहगी, स्थानीय स्तर पर अनुपलब्ध पदार्थों से अथवा जटिल तकनीकों से बनी हों। इस प्रकार फ़यॉन्स (घिसी हुई रेत अथवा बालू तथा रंग और चिपचिपे पदार्थ के मिश्रण को पका कर बनाया गया पदार्थ) के छोटे पात्र संभवत: कीमती माने जाते थे क्योंकि इन्हें बनाना कठिन था।

चित्र 1.12
फ़यॉन्स से बना एक पात्र

संचय शब्द, लोगों द्वारा सावधानीपूर्वक अधिकांशतः पात्रों, जैसे कि घड़ों में रखी गई वस्तुओं के लिए प्रयुक्त किया जाता है। ऐसे संचय आभूषणों के हो सकते थे अथवा धातुकर्मियों द्वारा पुनः प्रयोग के लिए सँभाल कर रखी गई धातुओं के। यदि किसी कारणवश मूल स्वामियों ने इन्हें पुनः प्राप्त नहीं किया तो ये तब तक अपने स्थान पर ही रहते हैं जब तक कोई पुरातत्वविद इन्हें खोज नहीं निकालता।

चर्चा कीजिए...

आधुनिक समय में प्रचलित मृतकों के अंतिम संस्कार की विधियों पर चर्चा कीजिए। ये किस सीमा तक सामाजिक भिन्नताओं को परिलक्षित करती हैं?

स्थिति तब और जटिल हो जाती है जब हमें रोज़मर्रा के प्रयोग की वस्तुएँ जैसे तकलियाँ, जो फ़यॉन्स जैसे दुर्लभ पदार्थ से बनी, मिलती हैं। क्या हम इनका वर्गीकरण उपयोगी या फिर विलास की वस्तुओं के रूप में करें?

यदि हम ऐसी पुरावस्तुओं के वितरण का अध्ययन करें तो हम पाते हैं कि महँगे पदार्थों से बनी दुर्लभ वस्तुएँ सामान्यतः मोहनजोदड़ो और हड़प्पा जैसी बड़ी बस्तियों में केंद्रित हैं और छोटी बस्तियों में ये विरले ही मिलती हैं। उदाहरण के लिए, फ़यॉन्स से बने लघुपात्र जो संभवतः सुगंधित द्रव्यों के पात्रों के रूप में प्रयुक्त होते थे, अधिकांशतः मोहनजोदड़ो और हड़प्पा से मिले हैं और कालीबंगन जैसी छोटी बस्तियों से बिलकुल नहीं। सोना भी दुर्लभ तथा संभवतः आज की तरह कीमती था–हड़प्पा स्थलों से मिले सभी स्वर्णाभूषण संचयों से प्राप्त हुए थे।

5. शिल्प-उत्पादन के विषय में जानकारी

मानचित्र 1 में चन्हुदड़ो को चिह्नित कीजिए। यह मोहनजोदड़ो (125 हेक्टेयर) की तुलना में एक बहुत छोटी (7 हेक्टेयर) बस्ती है जो लगभग पूरी तरह से शिल्प-उत्पादन में संलग्न थी। शिल्प कार्यों में मनके बनाना, शंख की कटाई, धातुकर्म, मुहर निर्माण तथा बाट बनाना सम्मिलित थे।

मनकों के निर्माण में प्रयुक्त पदार्थों की विविधता उल्लेखनीय है: कार्नीलियन (सुंदर लाल रंग का), जैस्पर, स्फटिक, क्वार्ट्ज़ तथा सेलखड़ी जैसे पत्थर; ताँबा, काँसा तथा सोने जैसी धातुएँ; तथा शंख, फ़यॉन्स और पकी मिट्टी, सभी का प्रयोग मनके बनाने में होता था। कुछ मनके दो या उससे अधिक पत्थरों को आपस में जोड़कर बनाए जाते थे और कुछ सोने के टोप वाले पत्थर के होते थे। इनके कई आकार होते थे; जैसे–चक्राकार, बेलनाकार, गोलाकार, ढोलाकार तथा खंडित। कुछ

चित्र 1.13
औज़ार तथा मनके

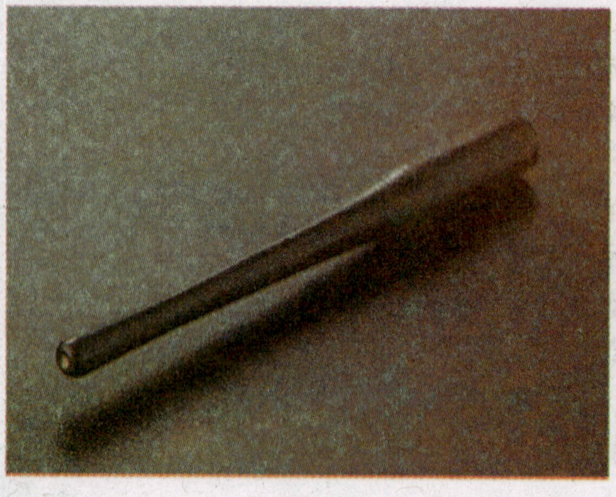

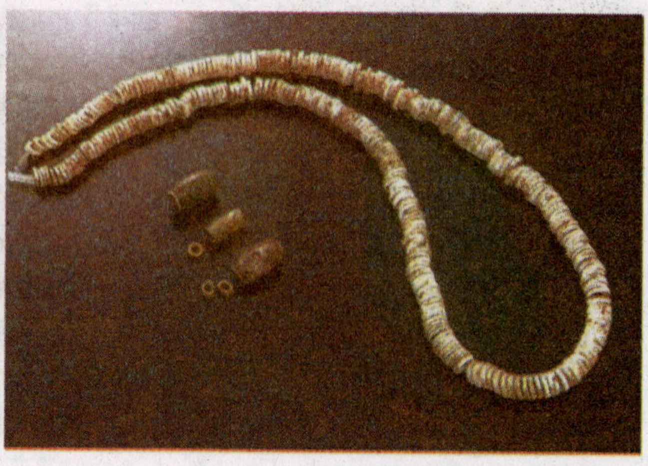

को उत्कीर्णन या चित्रकारी के माध्यम से सजाया गया था और कुछ पर रेखाचित्र उकेरे गए थे।

मनके बनाने की तकनीकों में प्रयुक्त पदार्थ के अनुसार भिन्नताएँ थीं। सेलखड़ी जो एक बहुत मुलायम पत्थर है, पर आसानी से कार्य हो जाता था। कुछ मनके सेलखड़ी चूर्ण के लेप को साँचे में ढाल कर तैयार किए जाते थे। इससे ठोस पत्थरों से बनने वाले केवल ज्यामितीय आकारों के विपरीत कई विविध आकारों के मनके बनाए जा सकते थे। सेलखड़ी के सूक्ष्म मनके कैसे बनाए जाते थे, यह प्रश्न प्राचीन तकनीकों का अध्ययन करने वाले पुरातत्वविदों के लिए एक पहेली बना हुआ है।

पुरातत्वविदों द्वारा किए गए प्रयोगों ने यह दर्शाया है कि कार्नीलियन का लाल रंग, पीले रंग के कच्चे माल तथा उत्पादन के विभिन्न चरणों में मनकों को आग में पका कर प्राप्त किया जाता था। पत्थर के पिंडों को पहले अपरिष्कृत आकारों में तोड़ा जाता था, और फिर बारीकी से शल्क निकाल कर इन्हें अंतिम रूप दिया जाता था। घिसाई, पॉलिश और इनमें छेद करने के साथ ही यह प्रक्रिया पूरी होती थी। चन्हुदड़ो, लोथल और हाल ही में धौलावीरा से छेद करने के विशेष उपकरण मिले हैं।

चित्र 1.14
मिट्टी से बनी पुरावस्तुएँ: मृदभाण्ड
इनमें से कई पुरावस्तुएँ दिल्ली के राष्ट्रीय संग्रहालय या लोथल के स्थानीय संग्रहालय में देखी जा सकती हैं।

यदि आप मानचित्र 1 में नागेश्वर तथा बालाकोट को चिह्नित करें तो आप पाएँगे कि ये दोनों बस्तियाँ समुद्र-तट के समीप स्थित हैं। ये शंख से बनी वस्तुओं जिनमें चूड़ियाँ, करछियाँ तथा पच्चीकारी की वस्तुएँ सम्मिलित हैं, के निर्माण के विशिष्ट केंद्र थे जहाँ से यह माल दूसरी बस्तियों तक ले जाया जाता था। इसी प्रकार, यह भी संभव है कि चन्हुदड़ो और लोथल से तैयार माल (जैसे मनके) मोहनजोदड़ो और हड़प्पा जैसे बड़े शहरी केंद्रों तक लाया जाता था।

चित्र 1.15
मृण्मूर्ति

5.1 उत्पादन केंद्रों की पहचान

शिल्प-उत्पादन के केंद्रों की पहचान के लिए पुरातत्वविद सामान्यत: निम्नलिखित को ढूँढ़ते हैं: प्रस्तर पिंड, पूरे शंख तथा ताँबा-अयस्क जैसा कच्चा माल; औज़ार; अपूर्ण वस्तुएँ; त्याग दिया गया माल तथा कूड़ा-करकट।

चर्चा कीजिए...

इस अध्याय में दिखाई गई पत्थर की पुरावस्तुओं की एक सूची बनाइए। इनमें से प्रत्येक के संदर्भ में चर्चा कीजिए कि क्या इन्हें उपयोगी अथवा विलास की वस्तुएँ माना जाए। क्या इनमें ऐसी वस्तुएँ भी हैं जो दोनों वर्गों में रखी जा सकती हैं?

चित्र 1.16
ताँबे व काँसे के बरतन

यहाँ तक कि कूड़ा-करकट शिल्प कार्य के सबसे अच्छे संकेतकों में से एक हैं। उदाहरण के लिए, यदि वस्तुओं के निर्माण के लिए शंख अथवा पत्थर को काटा जाता था तो इन पदार्थों के टुकड़े कूड़े के रूप में उत्पादन के स्थान पर फेंक दिए जाते थे।

कभी-कभी बड़े बेकार टुकड़ों को छोटे आकार की वस्तुएँ बनाने के लिए प्रयोग किया जाता था परंतु बहुत छोटे टुकड़ों को कार्यस्थल पर ही छोड़ दिया जाता था। ये टुकड़े इस ओर संकेत करते हैं कि छोटे, विशिष्ट केंद्रों के अतिरिक्त मोहनजोदड़ो तथा हड़प्पा जैसे बड़े शहरों में भी शिल्प उत्पादन का कार्य किया जाता था।

6. माल प्राप्त करने संबंधी नीतियाँ

जैसा कि स्पष्ट है कि शिल्प उत्पादन के लिए कई प्रकार के कच्चे माल का प्रयोग होता था। हालाँकि कुछ, जैसे कि मिट्टी, स्थानीय स्तर पर उपलब्ध थे, कुछ अन्य जैसे पत्थर, लकड़ी तथा धातु जलोढ़क मैदान से बाहर के क्षेत्रों से मँगाने पड़ते थे। बैलगाड़ियों के मिट्टी से बने खिलौनों के प्रतिरूप संकेत करते हैं कि यह सामान तथा लोगों के लिए स्थल मार्गों द्वारा परिवहन का एक महत्वपूर्ण साधन था। संभवतः सिंधु तथा इसकी उपनदियों के बगल में बने नदी-मार्गों और साथ ही तटीय मार्गों का भी प्रयोग किया जाता था।

6.1 उपमहाद्वीप तथा उसके आगे से आने वाला माल

हड़प्पावासी शिल्प-उत्पादन हेतु माल प्राप्त करने के लिए कई तरीके अपनाते थे। उदाहरण के लिए, उन्होंने नागेश्वर और बालाकोट में जहाँ शंख आसानी से उपलब्ध था, बस्तियाँ स्थापित कीं। ऐसे ही कुछ अन्य पुरास्थल थे–सुदूर अफ़गानिस्तान में शोर्तुघई, जो अत्यंत कीमती माने जाने वाले नीले रंग के पत्थर लाजवर्द मणि के सबसे अच्छे स्रोत के निकट स्थित था तथा लोथल जो कार्नीलियन (गुजरात में भड़ौच), सेलखड़ी (दक्षिणी राजस्थान तथा उत्तरी गुजरात से) और धातु (राजस्थान से) के स्रोतों के निकट स्थित था।

कच्चा माल प्राप्त करने की एक अन्य नीति थी–राजस्थान के खेतड़ी अँचल (ताँबे के लिए) तथा दक्षिण भारत (सोने के लिए) जैसे क्षेत्रों में अभियान भेजना। इन अभियानों के माध्यम से स्थानीय समुदायों के साथ संपर्क स्थापित किया जाता था। इन इलाकों में यदा-कदा मिलने वाली हड़प्पाई पुरावस्तुएँ ऐसे संपर्कों की संकेतक हैं। खेतड़ी क्षेत्र में मिले साक्ष्यों को पुरातत्वविदों ने गणेश्वर-जोधपुरा संस्कृति का नाम दिया है। इस संस्कृति के विशिष्ट मृदभाण्ड हड़प्पाई मृदभाण्डों से भिन्न थे तथा यहाँ ताँबे की वस्तुओं की असाधारण संपदा मिली थी। ऐसा संभव है कि इस क्षेत्र के निवासी हड़प्पा सभ्यता के लोगों को ताँबा भेजते थे।

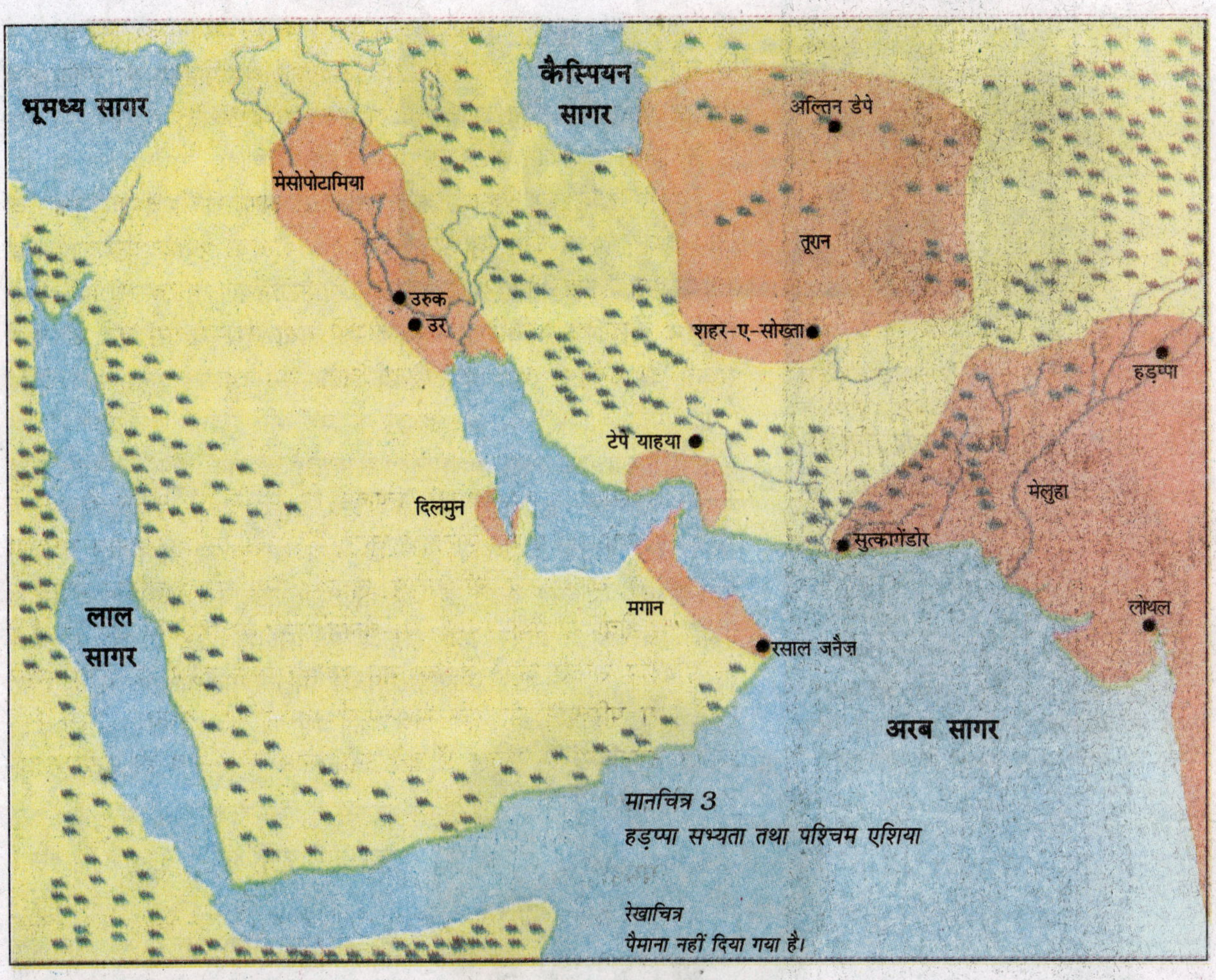

मानचित्र 3
हड़प्पा सभ्यता तथा पश्चिम एशिया

6.2 सुदूर क्षेत्रों से संपर्क

हाल ही में हुई पुरातात्विक खोजें इंगित करती हैं कि ताँबा संभवतः अरब प्रायद्वीप के दक्षिण-पूर्व छोर पर स्थित ओमान से भी लाया जाता था। रासायनिक विश्लेषण दर्शाते हैं कि ओमानी ताँबे तथा हड़प्पाई पुरावस्तुओं, दोनों में निकल के अंश मिले हैं जो दोनों के साझा उद्भव की ओर संकेत करते हैं। संपर्क के और भी संकेत मिलते हैं। एक विशिष्ट प्रकार का पात्र अर्थात् एक बड़ा हड़प्पाई मर्तबान जिसके ऊपर काली मिट्टी की एक मोटी परत चढ़ाई गई थी, ओमानी स्थलों से मिला है। ऐसी मोटी परतें तरल पदार्थों के रिसाव को रोक देती हैं। हमें यह नहीं पता कि इन पात्रों में क्या रखा जाता था पर यह संभव है कि हड़प्पा सभ्यता के लोग इनमें रखे सामान का ओमानी ताँबे से विनिमय करते थे।

चित्र 1.17
ओमान में मिला एक हड़प्पाई मर्तबान

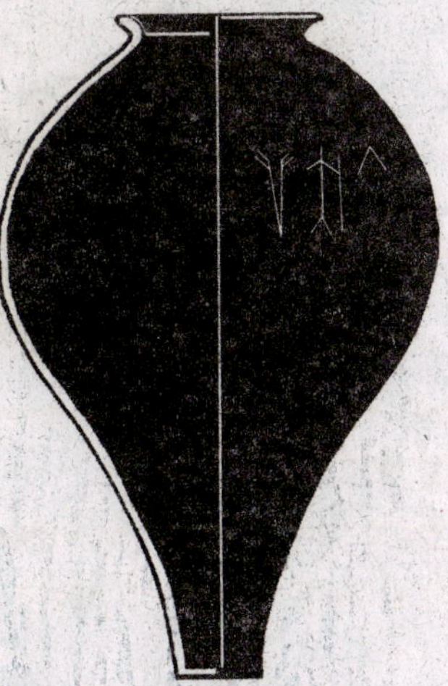

तीसरी सहस्राब्दि ईसा पूर्व में दिनांकित मेसोपोटामिया के लेखों में मगान जो संभवतः ओमान के लिए प्रयुक्त नाम था, नामक क्षेत्र से ताँबे के आगमन के संदर्भ मिलते हैं। यहाँ रोचक बात यह है कि मेसोपोटामिया के स्थलों से मिले ताँबे में भी निकल के अंश मिले हैं। लंबी दूरी के संपर्कों की ओर संकेत करने वाली अन्य पुरातात्विक खोजों में हड़प्पाई मुहरें, बाट, पासे तथा मनके शामिल हैं। इस संदर्भ में यह भी देखना महत्वपूर्ण है कि मेसोपोटामिया के लेख दिलमुन (संभवतः बहरीन द्वीप), मगान तथा मेलुहा, संभवतः हड़प्पाई क्षेत्र के लिए प्रयुक्त शब्द, नामक क्षेत्रों से संपर्क की जानकारी मिलती है। यह लेख मेलुहा से प्राप्त निम्नलिखित उत्पादों का उल्लेख करते हैं: कार्नीलियन, लाजवर्द मणि, ताँबा, सोना तथा विविध प्रकार की लकड़ियाँ। मेलुहा के विषय में एक मेसोपोटामियाई मिथक यह बताता है: "तुम्हारा पक्षी हाजा पक्षी हो, उसकी आवाज़ राजप्रासाद में सुनाई दे।" कई पुरातत्वविदों का मानना है कि हाजा पक्षी मोर था। क्या यह नाम उसे अपनी आवाज़ से मिला था? ऐसा संभव है कि ओमान, बहरीन या मेसोपोटामिया से संपर्क सामुद्रिक मार्ग से था। मेसोपोटामिया के लेख मेलुहा को नाविकों का देश कहते हैं। इसके अतिरिक्त हम मुहरों पर जहाज़ों तथा नावों के चित्रांकन पाते हैं।

चित्र 1.18
यह मेसोपोटामिया की एक विशिष्ट बेलनाकार मुहर है, परंतु इस पर बना कूबड़दार वृषभ का चित्र सिंधु क्षेत्र से लिया गया प्रतीत होता है।

चित्र 1.19
बहरीन में मिली गोलाकार 'फारस की खाड़ी' प्रकार की मुहर पर कभी-कभी हड़प्पाई चित्र मिलते हैं। रोचक तथ्य यह है कि 'दिलमुन' के स्थानीय बाट हड़प्पाई मानक का अनुसरण करते थे।

चित्र 1.20
नाव के चित्र वाली मुहर

चर्चा कीजिए...

हड़प्पाई क्षेत्र से ओमान, दिलमुन तथा मेसोपोटामिया तक कौन से मार्गों से जाया जा सकता था।

चित्र 1.21
एक प्राचीन सूचनापट्ट के अक्षर

7. मुहरें, लिपि तथा बाट

7.1 मुहरें और मुद्रांकन

मुहरों और मुद्रांकनों का प्रयोग लंबी दूरी के संपर्कों को सुविधाजनक बनाने के लिए होता था। कल्पना कीजिए कि सामान से भरा एक थैला एक स्थान से दूसरे स्थान तक भेजा गया। उसका मुख रस्सी से बाँधा गया और गाँठ पर थोड़ी गीली मिट्टी जमा कर एक या अधिक मुहरों से दबाया गया, जिससे मिट्टी पर मुहरों की छाप पड़ गई। यदि इस थैले के अपने गंतव्य स्थान पर पहुँचने तक मुद्रांकन अक्षुण्ण रहा तो इसका अर्थ था कि थैले के साथ किसी प्रकार की छेड़-छाड़ नहीं की गई थी। मुद्रांकन से प्रेषक की पहचान का भी पता चलता था।

चित्र 1.22
रोपड़ से मिला एक मुद्रांकन

➲ मिट्टी के इस टुकड़े पर कितनी मुहरों की छाप दिखती है?

7.2 एक रहस्यमय लिपि

सामान्यतः हड़प्पाई मुहरों पर एक पंक्ति में कुछ लिखा है जो संभवतः मालिक के नाम व पदवी को दर्शाता है। विद्वानों ने यह सुझाव भी दिया है कि इन पर बना चित्र (आमतौर पर एक जानवर) अनपढ़ लोगों को सांकेतिक रूप से इसका अर्थ बताता था।

अधिकांश अभिलेख संक्षिप्त हैं; सबसे लंबे अभिलेख में लगभग 26 चिह्न हैं। हालाँकि यह लिपि आज तक पढ़ी नहीं जा सकी है, पर निश्चित रूप से यह वर्णमालीय (जहाँ प्रत्येक चिह्न एक स्वर अथवा व्यंजन को दर्शाता है) नहीं थी क्योंकि इसमें चिह्नों की संख्या कहीं अधिक है– लगभग 375 से 400 के बीच। ऐसा प्रतीत होता है कि यह लिपि दाईं से बाईं ओर लिखी जाती थी क्योंकि कुछ मुहरों पर दाईं ओर चौड़ा अंतराल है और बाईं ओर यह संकुचित है जिससे लगता है कि उत्कीर्णक ने दाईं ओर से लिखना आरंभ किया और बाद में बाईं ओर स्थान कम पड़ गया।

अब हम उन विभिन्न प्रकार की वस्तुओं को देखते हैं जिन पर लिखावट मिली है: मुहरें, ताँबे के औज़ार, मर्तबानों के अँवठ, ताँबे तथा मिट्टी की लघुपट्टिकाएँ, आभूषण, अस्थि-छड़ें और यहाँ तक कि एक प्राचीन सूचना पट्ट। याद रखिए हो सकता है कि नष्टप्राय वस्तुओं पर भी लिखा जाता हो। क्या इसका यह अर्थ लगाया जा सकता है कि साक्षरता व्यापक थी?

➲ चर्चा कीजिए...

वर्तमान समय में सामान के लंबी दूरी के विनिमय के लिए प्रयुक्त कुछ तरीकों पर चर्चा कीजिए। उनके क्या-क्या लाभ और समस्याएँ हैं?

7.3 बाट

विनिमय बाटों की एक सूक्ष्म या परिशुद्ध प्रणाली द्वारा नियंत्रित थे। ये बाट सामान्यत: चर्ट नामक पत्थर से बनाए जाते थे और आमतौर पर ये किसी भी तरह के निशान से रहित घनाकार (चित्र 1.2) होते थे। इन बाटों के निचले मानदंड द्विआधारी (1, 2, 4, 8, 16, 32 इत्यादि 12,800 तक) थे जबकि ऊपरी मानदंड दशमलव प्रणाली का अनुसरण करते थे। छोटे बाटों का प्रयोग संभवत: आभूषणों और मनकों को तौलने के लिए किया जाता था। धातु से बने तराजू के पलड़े भी मिले हैं।

चित्र 1.23
एक पुरोहित-राजा

8. प्राचीन सत्ता

हड़प्पाई समाज में जटिल फैसले लेने और उन्हें कार्यान्वित करने के संकेत मिलते हैं। उदाहरण के लिए, हड़प्पाई पुरावस्तुओं में असाधारण एकरूपता को ही लें, जैसा कि मृदभाण्डों (चित्र 1.14), मुहरों, बाटों तथा ईंटों से स्पष्ट है। महत्वपूर्ण बात यह है कि ईंटें, जिनका उत्पादन स्पष्ट रूप से किसी एक केंद्र पर नहीं होता था, जम्मू से गुजरात तक पूरे क्षेत्र में समान अनुपात की थीं। हमने यह भी देखा है कि अलग-अलग कारणों से बस्तियाँ विशेष स्थानों पर आवश्यकतानुसार स्थापित की गई थीं। इसके अतिरिक्त ईंटें बनाने और विशाल दीवारों तथा चबूतरों के निर्माण के लिए श्रम संगठित किया गया था।

इन सभी क्रियाकलापों को कौन संगठित करता था?

8.1 प्रासाद तथा शासक

सत्ता के केंद्र अथवा सत्ताधारी लोगों के विषय में पुरातात्विक विवरण हमें कोई त्वरित उत्तर नहीं देते। पुरातत्वविदों ने मोहनजोदड़ो में मिले एक विशाल भवन को एक प्रासाद की संज्ञा दी परंतु इससे संबद्ध कोई भव्य वस्तुएँ नहीं मिली हैं। एक पत्थर की मूर्ति को 'पुरोहित-राजा' की संज्ञा दी गई थी और यह नाम आज भी प्रचलित है। ऐसा इसलिए है क्योंकि पुरातत्वविद मेसोपोटामिया के इतिहास तथा वहाँ के 'पुरोहित-राजाओं' से परिचित थे और यही समानताएँ उन्होंने सिंधु क्षेत्र में भी ढूँढ़ी। लेकिन जैसा कि हम देखेंगे (पृ. 23), हड़प्पा सभ्यता की आनुष्ठानिक प्रथाएँ अभी तक ठीक प्रकार से समझी नहीं जा सकी हैं और न ही यह जानने के साधन उपलब्ध हैं कि क्या जो लोग इन अनुष्ठानों का निष्पादन करते थे, उन्हीं के पास राजनीतिक सत्ता होती थी।

कुछ पुरातत्वविद इस मत के हैं कि हड़प्पाई समाज में शासक नहीं थे तथा सभी की सामाजिक स्थिति समान थी। दूसरे पुरातत्वविद यह मानते हैं कि यहाँ कोई एक नहीं बल्कि कई शासक थे जैसे मोहनजोदड़ो, हड़प्पा आदि के अपने अलग-अलग राजा होते थे। कुछ और यह तर्क देते हैं कि यह एक ही राज्य था जैसा कि पुरावस्तुओं में समानताओं,

चर्चा कीजिए...
क्या हड़प्पाई समाज में सभी लोग समान रहे होंगे?

नियोजित बस्तियों के साक्ष्यों, ईंटों के आकार में निश्चित अनुपात, तथा बस्तियों के कच्चे-माल के स्रोतों के समीप संस्थापित होने से स्पष्ट है। अभी तक की स्थिति में अंतिम परिकल्पना सबसे युक्तिसंगत प्रतीत होती है क्योंकि यह कदाचित् संभव नहीं लगता कि पूरे के पूरे समुदायों द्वारा इकट्ठे ऐसे जटिल निर्णय लिए तथा कार्यान्वित किए जाते होंगे।

9. सभ्यता का अंत

ऐसे साक्ष्य मिले हैं जिनके अनुसार लगभग 1800 ईसा पूर्व तक चोलिस्तान जैसे क्षेत्रों में अधिकांश विकसित हड़प्पा स्थलों को त्याग दिया गया था। इसके साथ ही गुजरात, हरियाणा तथा पश्चिमी उत्तर प्रदेश की नयी बस्तियों में आबादी बढ़ने लगी थी।

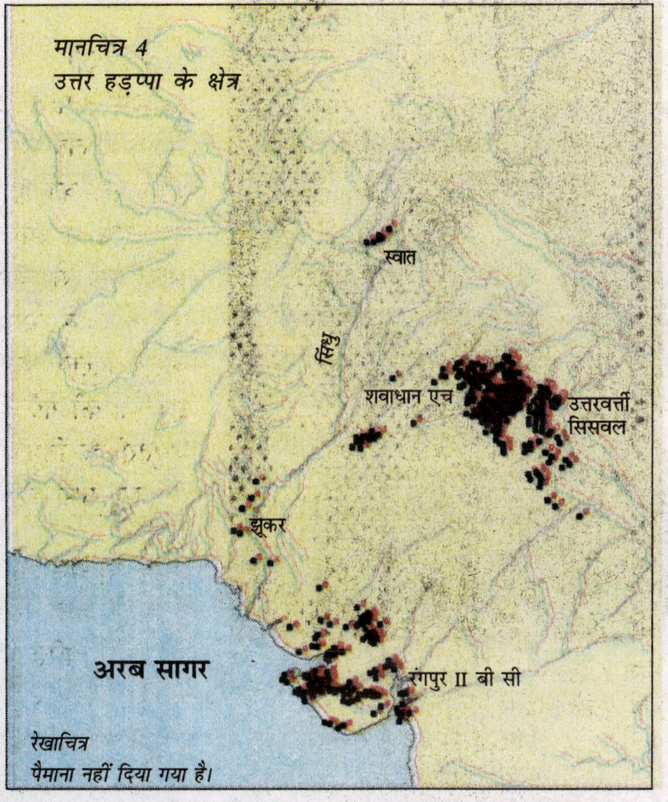

ऐसा लगता है कि उत्तर हड़प्पा के क्षेत्र 1900 ईसा पूर्व के बाद भी अस्तित्व में रहे। कुछ चुने हुए हड़प्पा स्थलों की भौतिक संस्कृति में बदलाव आया था जैसे सभ्यता की विशिष्ट पुरावस्तुओं–बाटों, मुहरों तथा विशिष्ट मनकों–का समाप्त हो जाना। लेखन, लंबी दूरी का व्यापार तथा शिल्प विशेषज्ञता भी समाप्त हो गई। सामान्यतः थोड़ी वस्तुओं के निर्माण के लिए थोड़ा ही माल प्रयोग में लाया जाता था। आवास निर्माण की तकनीकों का ह्रास हुआ तथा बड़ी सार्वजनिक संरचनाओं का निर्माण अब बंद हो गया। कुल मिलाकर पुरावस्तुएँ तथा बस्तियाँ इन संस्कृतियों में एक ग्रामीण जीवनशैली की ओर संकेत करती हैं। इन संस्कृतियों को ''उत्तर हड़प्पा'' अथवा ''अनुवर्ती संस्कृतियाँ'' कहा गया।

ये परिवर्तन कैसे हुए? इस विषय में कई व्याख्याएँ दी गई हैं। इनमें जलवायु परिवर्तन, वनों की कटाई, अत्यधिक बाढ़, नदियों का सूख जाना और/या मार्ग बदल लेना तथा भूमि का अत्यधिक उपयोग सम्मिलित हैं। इनमें से कुछ 'कारण' कुछ बस्तियों के संदर्भ में तो सही हो सकते हैं परंतु पूरी सभ्यता के पतन की व्याख्या नहीं करते।

ऐसा लगता है कि एक सुदृढ़ एकीकरण के तत्व, संभवतः हड़प्पाई राज्य, का अंत हो गया था। मुहरों, लिपि, विशिष्ट मनकों तथा मृदभाण्डों के लोप, मानकीकृत बाट प्रणाली के स्थान पर स्थानीय बाटों के प्रयोग; शहरों के पतन तथा परित्याग जैसे परिवर्तनों से इस तर्क को बल मिलता है। उपमहाद्वीप को एक पूरी तरह से अलग क्षेत्र में नए शहरों के विकास के लिए एक सहस्राब्दि से भी अधिक समय तक प्रतीक्षा करनी पड़ी।

स्रोत 3

एक 'आक्रमण' के साक्ष्य

डेडमैन लेन एक सँकरी गली है, जिसकी चौड़ाई 3 से 6 फ़ीट तक परिवर्ती है . . . . वह बिंदु जहाँ यह गली पश्चिम की ओर मुड़ती है, 4 फ़ीट तथा 2 इंच की गहराई पर एक खोपड़ी का भाग तथा एक वयस्क की छाती तथा हाथ के ऊपरी भाग की हड्डियाँ मिली थीं। ये सभी बहुत भुरभुरी अवस्था में थीं। यह धड़ पीठ के बल, गली में आड़ा पड़ा हुआ था। पश्चिम की ओर 15 इंच की दूरी पर एक छोटी खोपड़ी के कुछ टुकड़े थे। इस गली का नाम इन्हीं अवशेषों पर आधारित है।

जॉन मार्शल, *मोहनजोदड़ो एंड द इंडस सिविलाईज़ेशन, 1931 से उद्धृत।*

1925 में मोहनजोदड़ो के इसी भाग से सोलह लोगों के अस्थि-पंजर उन आभूषणों सहित मिले थे जो इन्होंने मृत्यु के समय पहने हुए थे।

बहुत समय पश्चात 1947 में आर.ई.एम. व्हीलर ने जो भारतीय पुरातात्विक सर्वेक्षण के तत्कालीन डायरेक्टर जनरल थे, इन पुरातात्विक साक्ष्यों का उपमहाद्वीप में ज्ञात प्राचीनतम ग्रंथ ऋग्वेद के साक्ष्यों से संबंध स्थापित करने का प्रयास किया। उन्होंने लिखा:

ऋग्वेद में पुर शब्द का उल्लेख है जिसका अर्थ है प्राचीर, किला या गढ़। आर्यों के युद्ध के देवता इंद्र को पुरंदर, अर्थात् गढ़-विध्वंसक कहा गया है।

ये दुर्ग कहाँ हैं .... या थे ....? पहले यह माना गया था कि ये मिथक मात्र थे .... हड़प्पा में हाल में हुए उत्खननों ने मानो परिदृश्य बदल दिया है। यहाँ हम मुख्यत: अनार्य प्रकार की एक बहुत विकसित सभ्यता पाते हैं जिसमें अब प्राप्त जानकारी के अनुसार विशाल किलेबंदियाँ की गई थीं .... यह सुदृढ़ रूप से स्थिर सभ्यता कैसे नष्ट हुई? हो सकता है जलवायु संबंधी, आर्थिक अथवा राजनीतिक ह्रास ने इसे कमज़ोर किया हो, पर अधिक संभावना इस बात की है कि जानबूझ कर तथा बड़े पैमाने पर किए गए विनाश ने इसे अंतिम रूप से समाप्त कर दिया। यह मात्र संयोग ही नहीं हो सकता कि मोहनजोदड़ो के अंतिम चरण में आभास होता है कि यहाँ पुरुषों, महिलाओं तथा बच्चों का जनसंहार किया गया था। पारिस्थितिक साक्ष्यों के आधार पर इंद्र अभियुक्त माना जाता है।

आर.ई.एम. व्हीलर, हड़प्पा 1946, *एंशिएंट इंडिया (जर्नल) 1947 से उद्धृत।*

1960 के दशक में जॉर्ज डेल्स नामक पुरातत्वविद ने मोहनजोदड़ो में जनसंहार के साक्ष्यों पर सवाल उठाए। उन्होंने दिखाया कि उस स्थान पर मिले सभी अस्थि-पंजर एक ही काल से संबद्ध नहीं थे:

हालाँकि इनमें से दो से निश्चित रूप में संहार के संकेत मिलते हैं, ... पर अधिकांश अस्थियाँ जिन संदर्भों में मिली हैं वे इंगित करती हैं कि ये अत्यंत लापरवाही तथा श्रद्धाहीन तरीके से बनाए गए शवाधान थे। शहर के अंतिम काल से संबद्ध विनाश का कोई स्तर नहीं है, व्यापक स्तर पर अग्निकांड के चिह्न नहीं हैं, चारों ओर फैले हथियारों के बीच कवचधारी सैनिकों के शव नहीं हैं। दुर्ग से जो शहर का एकमात्र किलेबंद भाग था, अंतिम आत्मरक्षण के कोई साक्ष्य नहीं मिले हैं।

जी.एफ.डेल्स, 'द मिथिकल मैसेकर एट मोहनजोदड़ो', *एक्सपीडीशन,* 1964 से उद्धृत।

जैसा कि आप देख सकते हैं कि तथ्यों का सावधानीपूर्वक पुनर्निरीक्षण कभी-कभी पूर्ववर्ती व्याख्याओं को पूरी तरह से उलट देता है।

➲ चर्चा कीजिए...

मानचित्र 1, 2 और 4 के बीच समानताओं और भिन्नताओं पर विचार कीजिए।

10. हड़प्पा सभ्यता की खोज

अब तक हमने हड़प्पा सभ्यता के विभिन्न पहलुओं का विश्लेषण इस संदर्भ में किया है कि किस प्रकार पुरातत्वविदों ने भौतिक अवशेषों से प्राप्त साक्ष्यों के माध्यम से एक आकर्षक इतिहास के अलग-अलग अंशों को एक साथ जोड़ा है। लेकिन एक और कहानी भी है–कि किस प्रकार पुरातत्वविदों ने सभ्यता की 'खोज' की।

जब हड़प्पा सभ्यता के शहर नष्ट हो गए तो लोग धीरे-धीरे उनके विषय में सब कुछ भूल गए। जब लोगों ने इस क्षेत्र में सहस्राब्दियों बाद रहना आरंभ किया तब वे यह नहीं समझ पाए कि बाढ़ या मिट्टी के कटाव के कारण अथवा खेत की जुताई के समय या फिर खज़ाने के लिए खुदाई के समय यदा-कदा धरती की सतह पर आने वाली अपरिचित पुरावस्तुओं का क्या अर्थ लगाया जाए।

10.1 कनिंघम का भ्रम

जब भारतीय पुरातात्विक सर्वेक्षण के पहले डायरेक्टर जनरल कनिंघम ने उन्नीसवीं शताब्दी के मध्य में पुरातात्विक उत्खनन आरंभ किए, तब पुरातत्वविद अपने अन्वेषणों के मार्गदर्शन के लिए लिखित स्रोतों (साहित्य तथा अभिलेख) का प्रयोग अधिक पसंद करते थे। यहाँ तक कि कनिंघम की मुख्य रुचि भी आरंभिक ऐतिहासिक (लगभग छठी शताब्दी ईसा पूर्व से चौथी शताब्दी ईसवी) तथा उसके बाद के कालों से संबंधित पुरातत्व में थी। आरंभिक बस्तियों की पहचान के लिए उन्होंने चौथी से सातवीं शताब्दी ईसवी के बीच उपमहाद्वीप में आए चीनी बौद्ध तीर्थयात्रियों द्वारा छोड़े गए वृतांतों का प्रयोग किया। कनिंघम ने अपने सर्वेक्षणों के दौरान मिले अभिलेखों का संग्रहण, प्रलेखन तथा अनुवाद भी किया। उत्खनन के समय वे ऐसी पुरावस्तुओं को खोजने का प्रयास करते जो उनके विचार में सांस्कृतिक महत्त्व की थीं।

चित्र 1.24
कनिंघम द्वारा हड़प्पा से प्राप्त पहली ज्ञात मुहर का बनाया गया रेखाचित्र

हड़प्पा जैसा पुरास्थल जो चीनी तीर्थयात्रियों के यात्रा-कार्यक्रम का हिस्सा नहीं था और जो एक आरंभिक ऐतिहासिक शहर नहीं था, कनिंघम के अन्वेषण के ढाँचे में उपयुक्त नहीं बैठता था। इसलिए हालाँकि हड़प्पाई पुरावस्तुएँ उन्नीसवीं शताब्दी में कभी-कभी मिलती थीं और इनमें से कुछ तो कनिंघम तक पहुँची भी थीं, फिर भी वह समझ नहीं पाए कि ये पुरावस्तुएँ कितनी प्राचीन थीं।

एक अंग्रेज़ ने कनिंघम को एक हड़प्पाई मुहर दी। उन्होंने मुहर पर ध्यान तो दिया पर उन्होंने उसे एक ऐसे काल-खंड में, दिनांकित करने का असफल प्रयास किया जिससे वे परिचित थे। ऐसा इसलिए था क्योंकि कई और लोगों की तरह ही उनका भी यह मानना था कि भारतीय इतिहास का प्रारंभ गंगा की घाटी में पनपे पहले शहरों के साथ

पुरास्थल, टीले, स्तर

पुरातात्विक *पुरास्थल* वस्तुओं और संरचनाओं के निर्माण, प्रयोग और फिर उन्हें त्याग दिए जाने से बनते हैं। जब लोग एक ही स्थान पर नियमित रूप से रहते हैं तो भूमि-खंड के अनवरत उपयोग तथा पुनः उपयोग से आवासीय मलबों का निर्माण हो जाता है जिन्हें *टीला* कहते हैं। अल्पकालीन या स्थायी परित्याग की स्थिति में हवा या पानी की क्रियाशीलता और कटाव के कारण भूमि-खंड के स्वरूप में बदलाव आ जाता है। इन टीलों में मिले स्तरों से प्राप्त प्राचीन वस्तुओं से आवास का पता चलता है। ये स्तर एक दूसरे से रंग, प्रकृति और इनमें मिली पुरावस्तुओं के संदर्भ में भिन्न होते हैं। परित्यक्त स्तरों, जिन्हें "बंजर स्तर" कहा जाता है, की पहचान इन सभी लक्षणों के अभाव से की जाती है।

सामान्य तौर पर सबसे निचले स्तर प्राचीनतम और सबसे ऊपरी, नवीनतम होते हैं। इन स्तरों के अध्ययन को स्तर क्रम विज्ञान कहा जाता है। स्तरों में मिली पुरावस्तुओं को विशेष सांस्कृतिक काल-खंडों से संबद्ध किया जा सकता है जिससे एक पुरास्थल का पूरा सांस्कृतिक क्रम पता किया जा सकता है।

ही हुआ था (अध्याय 2 देखिए)। उनकी सुनिश्चित अवधारणा के चलते यह कोई आश्चर्य की बात नहीं है कि वह हड़प्पा के महत्त्व को समझने में चूक गए।

10.2 एक नवीन प्राचीन सभ्यता

कालांतर में बीसवीं शताब्दी के आरंभिक दशकों में दया राम साहनी जैसे पुरातत्वविदों ने हड़प्पा में मुहरें खोज निकालीं जो निश्चित रूप से आरंभिक ऐतिहासिक स्तरों से कहीं अधिक प्राचीन स्तरों से संबद्ध थीं। अब इनके महत्त्व को समझा जाने लगा। एक अन्य पुरातत्वविद राखाल दास बनर्जी ने हड़प्पा से मिली मुहरों के समान मुहरें मोहनजोदड़ो से खोज निकालीं जिससे अनुमान लगाया गया कि ये दोनों पुरास्थल एक ही पुरातात्विक संस्कृति के भाग थे। इन्हीं खोजों के आधार पर 1924 में भारतीय पुरातात्विक सर्वेक्षण के डायरेक्टर जनरल जॉन मार्शल ने पूरे विश्व के समक्ष सिंधु घाटी में एक नवीन सभ्यता की खोज की घोषणा की। जैसा कि एस.एन. राव, द *स्टोरी ऑफ़ इंडियन आर्कियोलॉजी,* में लिखते हैं, "मार्शल ने भारत को जहाँ पाया था, उसे उससे तीन हज़ार वर्ष पीछे छोड़ा" ऐसा इसलिए था क्योंकि मेसोपोटामिया के पुरास्थलों में हुए उत्खननों से हड़प्पा पुरास्थलों पर मिली मुहरों जैसी, पर तब तक पहचानी न जा सकीं, मुहरें मिली थीं। इस प्रकार विश्व को न केवल एक नयी सभ्यता की जानकारी मिली, पर यह भी कि वह मेसोपोटामिया के समकालीन थी।

भारतीय पुरातात्विक सर्वेक्षण के डायरेक्टर जनरल के रूप में जॉन मार्शल का कार्यकाल वास्तव में भारतीय पुरातत्व में एक व्यापक परिवर्तन का काल था। वे भारत में कार्य करने वाले पहले पेशेवर पुरातत्वविद थे और वे यहाँ यूनान तथा क्रीट में अपने कार्यों का अनुभव भी लाए। हालाँकि अधिक महत्वपूर्ण बात यह है कि कनिंघम की तरह ही उन्हें भी आकर्षक खोजों में दिलचस्पी थी, पर उनमें दैनिक जीवन की पद्धतियों को जानने की भी उत्सुकता थी।

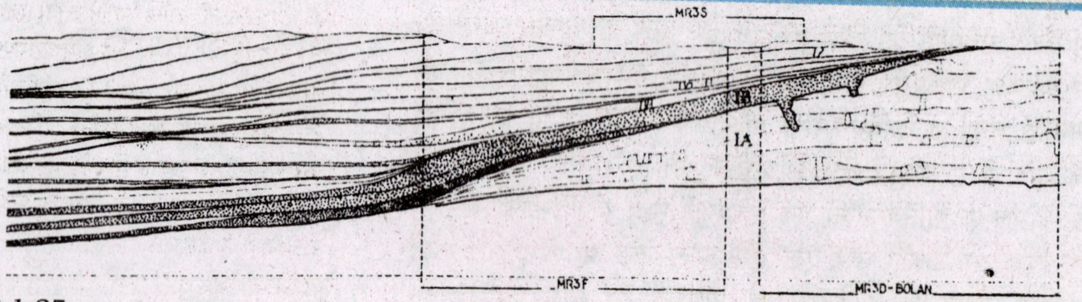

चित्र 1.25
एक छोटे टीले का स्तरविन्यास
ध्यान से देखने पर पता चलेगा कि ये स्तर सदैव क्षैतिज नहीं हैं।

मार्शल, पुरास्थल के स्तर विन्यास को पूरी तरह अनदेखा कर पूरे टीले में समान परिमाण वाली नियमित क्षैतिज इकाइयों के साथ-साथ उत्खनन करने का प्रयास करते थे। इसका यह अर्थ हुआ कि अलग-अलग स्तरों से संबद्ध होने पर भी एक इकाई विशेष से प्राप्त सभी पुरावस्तुओं को सामूहिक रूप से वर्गीकृत कर दिया जाता था। परिणामस्वरूप इन खोजों के संदर्भ के विषय में बहुमूल्य जानकारी हमेशा के लिए लुप्त हो जाती थी।

10.3 नयी तकनीकें तथा प्रश्न

1944 में भारतीय पुरातात्विक सर्वेक्षण के डायरेक्टर जनरल बने आर.ई.एम. व्हीलर ने इस समस्या का निदान किया। व्हीलर ने पहचाना कि एकसमान क्षैतिज इकाइयों के आधार पर खुदाई की बजाय टीले के स्तर विन्यास का अनुसरण करना अधिक आवश्यक था। साथ ही, सेना के पूर्व-ब्रिगेडियर के रूप में उन्होंने पुरातत्व की पद्धति में एक सैनिक परिशुद्धता का समावेश भी किया।

हड़प्पा सभ्यता की भौगोलिक सीमाओं का आज की राष्ट्रीय सीमाओं से बहुत थोड़ा या कोई संबंध नहीं है। लेकिन उपमहाद्वीप के विभाजन तथा पाकिस्तान के बनने के पश्चात्, सभ्यता के प्रमुख स्थल अब पाकिस्तान के क्षेत्र में हैं। इसी कारण से भारतीय पुरातत्वविदों ने भारत में पुरास्थलों को चिह्नित करने का प्रयास किया। कच्छ में हुए व्यापक सर्वेक्षणों से कई हड़प्पाई बस्तियाँ प्रकाश में आईं तथा पंजाब और हरियाणा में किए गए अन्वेषणों से हड़प्पा स्थलों की सूची में कई और नाम जुड़ गए। हालाँकि कालीबंगन, लोथल, राखी गढ़ी और हाल में हुई धौलावीरा की खोज, वहाँ हुए अन्वेषण तथा उत्खनन इन्हीं प्रयासों का हिस्सा हैं। नए अन्वेषण अब भी जारी हैं।

इन दशकों में नए प्रश्न महत्वपूर्ण हो गए हैं। यहाँ कुछ पुरातत्वविद आमतौर पर सांस्कृतिक उपक्रम का पता लगाने के इच्छुक रहते हैं, वहीं कुछ और विशेष पुरास्थलों की भौगोलिक स्थिति के पीछे निहित कारणों को समझने का प्रयास करते हैं। वे पुरावस्तुओं रूपी निधि से भी जूझते हैं और उनकी संभावित उपयोगिताओं को समझने का प्रयास करते हैं।

1980 के दशक से हड़प्पाई पुरातत्व में अंतर्राष्ट्रीय स्तर पर भी रुचि लगातार बढ़ती रही है। हड़प्पा और मोहनजोदड़ो, दोनों स्थानों पर उपमहाद्वीप के तथा विदेशी विशेषज्ञ संयुक्त रूप से कार्य करते रहे हैं। वे आधुनिक वैज्ञानिक तकनीकों का प्रयोग करते हैं जिनमें मिट्टी, पत्थर,

चर्चा कीजिए...

इस अध्याय में दिए गए विषयों में से कौन से कनिंघम को रुचिकर लगते? 1947 के बाद से कौन-कौन से प्रश्न रोचक माने गए हैं?

हड़प्पा में व्हीलर

आरंभिक पुरातत्वविद कई बार साहस की भावना से कार्य करते थे। व्हीलर ने हड़प्पा में अपने अनुभव के विषय में यह लिखा:

> मुझे याद आता है कि 1944 की एक गर्म रात को पुरातात्विक सर्वेक्षण के नवनियुक्त डायरेक्टर जनरल के रूप में अपने स्थानीय मुस्लिम अधिकारी के साथ 'हड़प्पा' नामक एक छोटे से रेलवे स्टेशन से एक गहरे बालू के रास्ते पर चार मील की ताँगे की सवारी कर मैं प्राचीन स्थल के टीलों, जो चाँद की रोशनी से अवलोकित थे, के समीप स्थित एक विश्राम-गृह तक पहुँचा। अपने चिंतित सहकर्मी की इस चेतावनी, कि हमें अपना निरीक्षण अगली सुबह 5.30 बजे आरंभ कर 7.30 बजे तक समाप्त कर देना चाहिए, जिसके पश्चात बहुत अधिक गर्मी हो जाती है, के बाद प्रवेशद्वार में काली आकृति के पंखे वाले को धीरतापूर्वक बैठा छोड़ तथा पड़ोस की बीहड़ से अनगिनत सियारों की रात की हवा को चीरती हुई आवाज़ के बीच हम सोने चले गए।
>
> अगली सुबह ठीक 5.30 बजे हमारे छोटे से काफ़िले ने बालू के टीले की ओर बढ़ना आरंभ किया। दस मिनट के भीतर ही मैं रुका और सबसे ऊँचे टीले को देखते हुए, अपनी दृष्टि पर अविश्वास के साथ अपनी आँखें मलने लगा। छह घंटे बाद भी मेरे घबराए हुए कर्मचारीगण तथा मैं सूर्य की तेज़ रोशनी में कुदालियों और चाकुओं के साथ कठिन परिश्रम कर रहे थे, मुझे डर है कि मेरे सहयोगी काम के मेरे जुनून के कारण मुझे सनकी न समझ लें।

आर.ई.एम. व्हीलर,
माई आर्कियोलॉजिकल मिशन टू इंडिया एंड पाकिस्तान, 1976 से उद्धृत।

धातु की वस्तुएँ तथा वनस्पति और जानवरों के अवशेष प्राप्त करने हेतु सतह का अन्वेषण और साथ ही उपलब्ध साक्ष्य के हर सूक्ष्म टुकड़े का विश्लेषण सम्मिलित है। ये अन्वेषण भविष्य में रोचक परिणामों की आशा दिलाते हैं।

11. अतीत को जोड़कर पूरा करने की समस्याएँ

जैसा कि हमने देखा है, हड़प्पाई लिपि से इस प्राचीन सभ्यता को जानने में कोई मदद नहीं मिलती। बल्कि ये भौतिक साक्ष्य हैं जो पुरातत्वविदों को हड़प्पाई जीवन को ठीक प्रकार से पुनर्निर्मित करने में सहायक होते हैं। ये वस्तुएँ–मृदभाण्ड, औज़ार, आभूषण, घरेलू सामान हो सकती हैं। कपड़ा, चमड़ा, लकड़ी तथा सरकंडे जैसे जैविक पदार्थ सामान्यतः सड़ जाते हैं, विशेष रूप से ऊष्णकटिबंधीय क्षेत्रों में। जो वस्तुएँ बच जाती हैं वे हैं पत्थर, पकी मिट्टी तथा धातु।

यह भी याद रखना आवश्यक है कि केवल टूटी हुई अथवा अनुपयोगी वस्तुएँ ही फेंकी जाती थीं। अन्य वस्तुएँ संभवतः पुनः चक्रित की जाती थीं। परिणामस्वरूप जो बहुमूल्य वस्तुएँ अक्षत अवस्था में मिलती हैं या तो वे अतीत में खो गई थीं या फिर संचयन के पश्चात कभी दोबारा प्राप्त नहीं की गई थीं। अन्य शब्दों में कुछ खोजें प्रारूपिक की बजाए संयोगिक होती हैं।

11.1 खोजों का वर्गीकरण

पुरावस्तुओं की पुनः प्राप्ति पुरातात्विक उद्यम का आरंभ मात्र है। इसके बाद पुरातत्वविद अपनी खोजों को वर्गीकृत करते हैं। वर्गीकरण का एक सामान्य सिद्धांत प्रयुक्त पदार्थों; जैसे-पत्थर, मिट्टी, धातु, अस्थि, हाथीदाँत आदि के संबंध में होता है। दूसरा, और अधिक जटिल, उनकी उपयोगिता के आधार पर होता है : पुरातत्वविदों को यह तय करना पड़ता है कि उदाहरणतः कोई पुरावस्तु एक औज़ार है या एक आभूषण है या फिर दोनों अथवा आनुष्ठानिक प्रयोग की कोई वस्तु।

किसी पुरावस्तु की उपयोगिता की समझ अक्सर आधुनिक समय में प्रयुक्त वस्तुओं से उनकी समानता पर आधारित होती है–मनके, चक्कियाँ, पत्थर के फलक तथा पात्र इसके स्पष्ट उदाहरण हैं। पुरातत्वविद किसी पुरावस्तु की उपयोगिता को समझने का प्रयास उस संदर्भ के परीक्षण के माध्यम से भी करते हैं जिसमें वह मिली थी: क्या वे घर में मिली थीं, नाले में, कब्र में, या फिर भट्ठी में?

कभी-कभी पुरातत्वविदों को अप्रत्यक्ष साक्ष्यों का सहारा लेना पड़ता है। उदाहरण के लिए, हालाँकि कुछ हड़प्पा स्थलों से कपास के टुकड़े मिले हैं, पर पहनावे के विषय में जानने के लिए हमें अप्रत्यक्ष साक्ष्यों, जैसे मूर्तियों में चित्रण पर निर्भर रहना पड़ता है।

पुरातत्वविदों को संदर्भ की रूपरेखाओं को विकसित करना पड़ता है। हमने देखा है कि पहली प्राप्त हड़प्पाई मुहर को तब तक नहीं समझा जा सका जब तक पुरातत्वविदों को उसे समझने के लिए सही संदर्भ नहीं मिला। सांस्कृतिक अनुक्रम जिसमें वह मिली थी तथा मेसोपोटामिया में हुई खोजों की तुलना, दोनों के संबंध में।

11.2 व्याख्या की समस्याएँ

पुरातात्विक व्याख्या की समस्याएँ संभवतः सबसे अधिक धार्मिक प्रथाओं के पुनर्निर्माण के प्रयासों में सामने आती हैं। आरंभिक पुरातत्वविदों को लगता था कि कुछ वस्तुएँ जो असामान्य और अपरिचित लगती थीं संभवतः धार्मिक महत्त्व की होती थीं। इनमें आभूषणों से लदी हुई नारी मृण्मूर्तियाँ जिनमें से कुछ के शीर्ष पर विस्तृत प्रसाधन थे, शामिल हैं। इन्हें मातृदेवियों की संज्ञा दी गई थी। पुरुषों की दुर्लभ पत्थर से बनी मूर्तियाँ जिनमें उन्हें एक लगभग मानकीकृत मुद्रा में एक हाथ घुटने पर रख बैठा हुआ दिखाया गया था, जैसा कि 'पुरोहित-राजा', को भी इसी प्रकार वर्गीकृत किया गया था। अन्य दृष्टांतों में, संरचनाओं को आनुष्ठानिक महत्त्व का माना गया है। इनमें विशाल स्नानागार तथा कालीबंगन और लोथल से मिली वेदियाँ सम्मिलित हैं।

मुहरों जिनमें से कुछ पर संभवतः अनुष्ठान के दृश्य बने हैं, के परीक्षण से धार्मिक आस्थाओं और प्रथाओं को पुनर्निर्मित करने का प्रयास भी किया गया है। कुछ अन्य जिन पर पेड़-पौधे उत्कीर्णित हैं, मान्यतानुसार प्रकृति की पूजा के संकेत देते हैं। मुहरों पर बनाए गए कुछ जानवर–जैसे कि एक सींग वाला जानवर, ज़िसे आमतौर पर एकश्रृंगी कहा जाता है–कल्पित तथा संश्लिष्ट लगते हैं। कुछ मुहरों पर एक आकृति जिसे पालथी मार कर 'योगी' की मुद्रा में बैठा दिखाया गया है और कभी-कभी जिसे जानवरों से घिरा दर्शाया गया है, को 'आद्य शिव', अर्थात् हिंदू धर्म के प्रमुख देवताओं में से एक का आरंभिक रूप की संज्ञा दी गई है। इसके अतिरिक्त पत्थर की शंक्वाकार वस्तुओं को लिंग के रूप में वर्गीकृत किया गया है।

हड़प्पाई धर्म के कई पुनर्निर्माण इस अनुमान के आधार पर क़िए गए हैं कि आरंभिक तथा बाद की परंपराओं में समानताएँ होती हैं। ऐसा इसलिए होता है क्योंकि अधिकांशतः पुरातत्वविद ज्ञात से अज्ञात की ओर बढ़ते हैं अर्थात् वर्तमान से अतीत की ओर। हालाँकि यह नीति पत्थर की चक्कियों तथा पात्रों के संबंध में युक्तिसंगत हो सकती है लेकिन 'धार्मिक' प्रतीक के संदर्भ में यह अधिक संदिग्ध रहती है।

उदाहरण के लिए, आइए हम 'आद्य शिव' मुहरों को देखते हैं। सबसे आरंभिक धार्मिक ग्रंथ ऋग्वेद (लगभग 1500 से 1000 ईसा पूर्व के बीच संकलित) में रुद्र नामक एक देवता का उल्लेख मिलता है जो बाद

चित्र 1.26
क्या यह एक मातृदेवी थी?

चित्र 1.27
एक 'आद्य शिव' मुहर

लिंग उस परिष्कृत पत्थर को कहा जाता है जिसकी पूजा भगवान शिव के रूप में होती है।

शमन वे महिलाएँ और पुरुष होते हैं जो जादुई तथा इलाज करने की शक्ति होने और साथ ही दूसरी दुनिया से संपर्क साधने के सामर्थ्य का दावा करते हैं।

चित्र 1.28
मुहरें या लिंग

सबसे आरंभिक उत्खनकों में से एक मैके इन पत्थरों के विषय में यह कहते हैं:

लाजवर्द मणि, जैस्पर, चाल्सेडनी तथा अन्य पत्थरों से बने छोटे आकार के शंकुओं जो सुंदरता से तराशे और तैयार किए गए थे तथा जो दो इंच से भी कम ऊँचाई के थे, को लिंग भी माना गया है... दूसरी तरफ़, यह भी संभव है कि इनका प्रयोग पट्टों पर खेले जाने वाले खेलों में होता था... अर्नेस्ट मैके, *अर्ली इंडस सिविलाईज़ेशन,* 1948 से उद्धृत।

की पौराणिक परंपराओं में शिव के लिए प्रयुक्त एक नाम है (पहली सहस्राब्दि ईसवी में: अध्याय 4 भी देखिए)। लेकिन शिव के विपरीत रुद्र को ऋग्वेद में न तो पशुपति (सामान्य रूप से जानवरों और विशेष रूप से मवेशियों के स्वामी) और न ही एक योगी के रूप में दिखाया गया है। दूसरे शब्दों में, यह चित्रण ऋग्वेद में दिए गए रुद्र के विवरण से मेल नहीं खाता। फिर क्या यह कोई शमन था, जैसा कि कुछ विद्वानों ने सुझाया है?

इतने दशकों में हुए पुरातात्विक कार्यों की क्या उपलब्धि है? हड़प्पाई अर्थव्यवस्था के बारे में अब हमारी जानकारी कुछ बेहतर है। हम सामाजिक भिन्नताओं की गुत्थी सुलझाने में सफल हुए हैं और सभ्यता की कार्यप्रणाली के विषय में हमारी जानकारी कुछ बढ़ी है। सच में यह स्पष्ट नहीं है कि लिपि के पढ़े जाने की स्थिति में हम और कितना जान पाते। यदि एक द्विभाषिक अभिलेख मिलता है तो हड़प्पा निवासियों द्वारा बोली जाने वाली भाषाओं के विषय में प्रश्नों पर संभवत: विराम लग सकता है।

कई पुनर्निर्माण अभी भी संदिग्ध बने हुए हैं। क्या विशाल स्नानागार एक आनुष्ठानिक संरचना थी? साक्षरता कितनी व्यापक थी? हड़प्पाई कब्रिस्तानों में सामाजिक भिन्नताएँ कम क्यों दिखाई देती हैं? स्त्री-पुरुष संबंधों से जुड़े प्रश्न भी अनुत्तरित हैं– क्या महिलाएँ मृदभाण्ड बनाती थीं या फिर केवल उन्हें रँगने का कार्य करती थीं (जैसे कि आजकल)? दूसरे शिल्पकर्मियों के क्या कार्य थे? नारी मृण्मूर्तियों का क्या उपयोग था? हड़प्पा सभ्यता के संदर्भ में स्त्री-पुरुष संबंधों से जुड़े पहलुओं पर बहुत कम विद्वानों ने अन्वेषण किए हैं और यह भविष्य में होने वाले कार्य के लिए पूरी तरह से नया क्षेत्र है।

चित्र 1.29
पकी मिट्टी की खिलौना गाड़ी

चर्चा कीजिए...

हड़प्पाई अर्थव्यवस्था के वे कौन-कौन से पहलू हैं जिनका पुनर्निर्माण पुरातात्विक साक्ष्यों के आधार पर किया गया है?

कालरेखा 1
आरंभिक भारतीय पुरातत्व के प्रमुख कालखंड

20 लाख वर्ष (वर्तमान से पूर्व)	निम्न पुरापाषाण
80,000	मध्य पुरापाषाण
35,000	उच्च पुरापाषाण
12,000	मध्य पाषाण
10,000•	नवपाषाण (आरंभिक कृषक तथा पशुपालक)
6,000	ताम्रपाषाण (ताँबे का पहली बार प्रयोग)
2600 ई. पू.	हड़प्पा सभ्यता
1000 ई. पू.	आरंभिक लौहकाल, महापाषाण शवाधान
600 ई. पू.–400 ई. पू.	आरंभिक ऐतिहासिक काल

सभी तिथियाँ अनुमानित हैं। इसके अतिरिक्त उपमहाद्वीप के अलग-अलग भागों में हुए विकास की प्रक्रिया में व्यापक विविधताएँ हैं। यहाँ दी गई तिथियाँ हर चरण के प्राचीनतम साक्ष्य को इंगित करती हैं।

कालरेखा 2
हड़प्पाई पुरातत्व के विकास के प्रमुख चरण

उन्नीसवीं शताब्दी	
1875	हड़प्पाई मुहर पर कनिंघम की रिपोर्ट
बीसवीं शताब्दी	
1921	माधो स्वरूप वत्स द्वारा हड़प्पा में उत्खननों का आरंभ
1925	मोहनजोदड़ो में उत्खननों का प्रारंभ
1946	आर.ई.एम. व्हीलर द्वारा हड़प्पा में उत्खनन
1955	एस.आर. राव द्वारा लोथल में खुदाई का आरंभ
1960	बी.बी. लाल तथा बी.के. थापर के नेतृत्व में कालीबंगन में उत्खननों का आरंभ
1974	एम.आर. मुगल द्वारा बहावलपुर में अन्वेषणों का आरंभ
1980	जर्मन-इतावली संयुक्त दल द्वारा मोहनजोदड़ो में सतह-अन्वेषणों का आरंभ
1986	अमरीकी दल द्वारा हड़प्पा में उत्खननों का आरंभ
1990	आर.एस. बिष्ट द्वारा धौलावीरा में उत्खननों का आरंभ

चित्र 1.30
एक हड़प्पाई शवाधान

उत्तर दीजिए (लगभग 100-150 शब्दों में)

1. हड़प्पा सभ्यता के शहरों में लोगों को उपलब्ध भोजन सामग्री की सूची बनाइए। इन वस्तुओं को उपलब्ध कराने वाले समूहों की पहचान कीजिए।

2. पुरातत्वविद हड़प्पाई समाज में सामाजिक-आर्थिक भिन्नताओं का पता किस प्रकार लगाते हैं? वे कौन सी भिन्नताओं पर ध्यान देते हैं?

3. क्या आप इस तथ्य से सहमत हैं कि हड़प्पा सभ्यता के शहरों की जल निकास प्रणाली, नगर-योजना की ओर संकेत करती है? अपने उत्तर के कारण बताइए।

4. हड़प्पा सभ्यता में मनके बनाने के लिए प्रयुक्त पदार्थों की सूची बनाइए। कोई भी एक प्रकार का मनका बनाने की प्रक्रिया का वर्णन कीजिए।

5. चित्र 1 को देखिए और उसका वर्णन कीजिए। शव किस प्रकार रखा गया है? उसके समीप कौन सी वस्तुएँ रखी गई हैं? क्या शरीर पर कोई पुरावस्तुएँ हैं? क्या इनसे कंकाल के लिंग का पता चलता है?

निम्नलिखित पर एक लघु निबंध लिखिए (लगभग 500 शब्दों में)

6. मोहनजोदड़ो की कुछ विशिष्टताओं का वर्णन कीजिए।

7. हड़प्पा सभ्यता में शिल्प उत्पादन के लिए आवश्यक कच्चे माल की सूची बनाइए तथा चर्चा कीजिए कि ये किस प्रकार प्राप्त किए जाते होंगे।

8. चर्चा कीजिए कि पुरातत्वविद किस प्रकार अतीत का पुनर्निर्माण करते हैं।

9. हड़प्पाई समाज में शासकों द्वारा किए जाने वाले संभावित कार्यों की चर्चा कीजिए।

मानचित्र कार्य

10. मानचित्र 1 पर उन स्थलों पर पेंसिल से घेरा बनाइए जहाँ से कृषि के साक्ष्य प्राप्त हुए हैं। उन स्थलों के आगे क्रॉस का निशान बनाइए जहाँ शिल्प उत्पादन के साक्ष्य मिले हैं। उन स्थलों पर 'क' लिखिए जहाँ कच्चा माल मिलता था।

परियोजना कार्य (कोई एक)

11. पता कीजिए कि क्या आपके शहर में कोई संग्रहालय है। उनमें से एक को देखने जाइए, और किन्हीं दस वस्तुओं पर एक रिपोर्ट लिखिए जिसमें बताइए कि वे कितनी पुरानी हैं, वे कहाँ मिली थीं, और आपके अनुसार उन्हें क्यों प्रदर्शित किया गया है।

12. वर्तमान समय में निर्मित तथा प्रयुक्त पत्थर, धातु तथा मिट्टी की दस वस्तुओं के रेखाचित्र एकत्रित कीजिए। इनकी तुलना इस अध्याय में दिए गए हड़प्पा सभ्यता के चित्रों से कीजिए, तथा आपके द्वारा उनमें पाई गई समानताओं तथा भिन्नताओं पर चर्चा कीजिए।

यदि आप और जानकारी चाहते हैं तो पढ़िए:

रेमंड तथा ब्रिजेट आल्चिन, 1997
ऑरिजिंस ऑफ़ ए सिविलाईज़ेशन,
वाइकिंग, नयी दिल्ली।

जी.एस. पोसल, 2003
द इंडस सिविलाईज़ेशन,
विस्तार, नयी दिल्ली।

शीरीन रत्नागर, 2001
अंडरस्टैंडिंग हड़प्पा,
तूलिका, नयी दिल्ली।

अधिक जानकारी के लिए आप निम्नलिखित वेबसाइट देख सकते हैं:
http://www.harappa.com/har/harres0.html

12095CH02

विषय दो

राजा, किसान और नगर
आरंभिक राज्य और अर्थव्यवस्थाएँ
(लगभग 600 ई.पू. से 600 ई.)

हड़प्पा सभ्यता के बाद डेढ़ हज़ार वर्षों के लंबे अंतराल में उपमहाद्वीप के विभिन्न भागों में कई प्रकार के विकास हुए। यही वह काल था जब सिंधु नदी और इसकी उपनदियों के किनारे रहने वाले लोगों द्वारा *ऋग्वेद* का लेखन किया गया। उत्तर भारत, दक्कन पठार क्षेत्र और कर्नाटक जैसे उपमहाद्वीप के कई क्षेत्रों में कृषक बस्तियाँ अस्तित्व में आईं। साथ ही दक्कन और दक्षिण भारत के क्षेत्रों में चरवाहा बस्तियों के प्रमाण भी मिलते हैं। ईसा पूर्व पहली सहस्राब्दि के दौरान मध्य और दक्षिण भारत में शवों के अंतिम संस्कार के नए तरीके भी सामने आए, जिनमें महापाषाण के नाम से ख्यात पत्थरों के बड़े-बड़े ढाँचे मिले हैं। कई स्थानों पर पाया गया है कि शवों के साथ विभिन्न प्रकार के लोहे से बने उपकरण और हथियारों को भी दफ़नाया गया था।

चित्र 2.1
एक अभिलेख, साँची (मध्य प्रदेश), लगभग द्वितीय शताब्दी ई.पू.

ईसा पूर्व छठी शताब्दी से नए परिवर्तनों के प्रमाण मिलते हैं। शायद इनमें सबसे ज़्यादा मुखर आरंभिक राज्यों, साम्राज्यों और रजवाड़ों का विकास है। इन राजनीतिक प्रक्रियाओं के पीछे कुछ अन्य परिवर्तन थे। इनका पता कृषि उपज को संगठित करने के तरीके से चलता है। इसी के साथ-साथ लगभग पूरे उपमहाद्वीप में नए नगरों का उदय हुआ।

इतिहासकार इस प्रकार के विकास का आकलन करने के लिए अभिलेखों, ग्रंथों, सिक्कों तथा चित्रों जैसे विभिन्न प्रकार के स्रोतों का अध्ययन करते हैं। जैसा कि हम आगे पढ़ेंगे, यह एक जटिल प्रक्रिया है, और आपको यह भी आभास होगा कि इन स्रोतों से विकास की पूरी कहानी नहीं मिल पाती है।

1. प्रिंसेप और पियदस्सी

भारतीय अभिलेख विज्ञान में एक उल्लेखनीय प्रगति 1830 के दशक में हुई, जब ईस्ट इंडिया कंपनी के एक अधिकारी जेम्स प्रिंसेप ने ब्राह्मी और खरोष्ठी लिपियों का अर्थ निकाला। इन लिपियों का उपयोग सबसे आरंभिक अभिलेखों और सिक्कों में किया गया है। प्रिंसेप को पता चला कि अधिकांश अभिलेखों और सिक्कों पर पियदस्सी, यानी मनोहर मुखाकृति वाले राजा का नाम लिखा है। कुछ अभिलेखों पर राजा का

अभिलेखों के अध्ययन को अभिलेखशास्त्र कहते हैं।

नाम असोक भी लिखा है। बौद्ध ग्रंथों के अनुसार असोक सर्वाधिक प्रसिद्ध शासकों में से एक था।

इस शोध से आरंभिक भारत के राजनीतिक इतिहास के अध्ययन को नयी दिशा मिली, क्योंकि भारतीय और यूरोपीय विद्वानों ने उपमहाद्वीप पर शासन करने वाले प्रमुख राजवंशों की वंशावलियों की पुनर्रचना के लिए विभिन्न भाषाओं में लिखे अभिलेखों और ग्रंथों का उपयोग किया। परिणामस्वरूप बीसवीं सदी के आरंभिक दशकों तक उपमहाद्वीप के राजनीतिक इतिहास का एक सामान्य चित्र तैयार हो गया।

उसके बाद विद्वानों ने अपना ध्यान राजनीतिक इतिहास के *संदर्भ* की ओर लगाया और यह छानबीन करने की कोशिश की कि क्या राजनीतिक परिवर्तनों और आर्थिक तथा सामाजिक विकासों के बीच कोई संबंध था। शीघ्र ही यह आभास हो गया कि इनमें संबंध तो थे लेकिन संभवतः सीधे संबंध हमेशा नहीं थे।

2. प्रारंभिक राज्य

2.1 सोलह महाजनपद

आरंभिक भारतीय इतिहास में छठी शताब्दी ई.पू. को एक महत्वपूर्ण परिवर्तनकारी काल माना जाता है। इस काल को प्रायः आरंभिक राज्यों, नगरों, लोहे के बढ़ते प्रयोग और सिक्कों के विकास के साथ जोड़ा जाता है। इसी काल में बौद्ध तथा जैन सहित विभिन्न दार्शनिक विचारधाराओं का विकास हुआ। बौद्ध और जैन धर्म (अध्याय 4) के आरंभिक ग्रंथों में महाजनपद नाम से सोलह राज्यों का उल्लेख मिलता है। यद्यपि महाजनपदों के नाम की सूची इन ग्रंथों में एकसमान नहीं है लेकिन वज्जि, मगध, कोशल, कुरु, पांचाल, गांधार और अवन्ति जैसे नाम प्रायः मिलते हैं। इससे यह स्पष्ट है कि उक्त महाजनपद सबसे महत्वपूर्ण महाजनपदों में गिने जाते होंगे।

अधिकांश महाजनपदों पर राजा का शासन होता था लेकिन *गण* और संघ के नाम से प्रसिद्ध राज्यों में कई लोगों का समूह शासन करता था, इस समूह का प्रत्येक व्यक्ति राजा कहलाता था। भगवान महावीर और भगवान बुद्ध (अध्याय 4) इन्हीं *गणों* से संबंधित थे। वज्जि संघ की ही भाँति कुछ राज्यों में भूमि सहित अनेक आर्थिक स्रोतों पर राजा गण सामूहिक नियंत्रण रखते थे। यद्यपि स्रोतों के अभाव में इन राज्यों के इतिहास पूरी तरह लिखे नहीं जा सकते लेकिन ऐसे कई राज्य लगभग एक हज़ार साल तक बने रहे।

प्रत्येक महाजनपद की एक राजधानी होती थी जिसे प्रायः किले से घेरा जाता था। किलेबंद राजधानियों के रख-रखाव और प्रारंभी सेनाओं

अभिलेख

अभिलेख उन्हें कहते हैं जो पत्थर, धातु या मिट्टी के बर्तन जैसी कठोर सतह पर खुदे होते हैं। अभिलेखों में उन लोगों की उपलब्धियाँ, क्रियाकलाप या विचार लिखे जाते हैं जो उन्हें बनवाते हैं। इनमें राजाओं के क्रियाकलाप तथा महिलाओं और पुरुषों द्वारा धार्मिक संस्थाओं को दिए गए दान का ब्योरा होता है। यानी अभिलेख एक प्रकार से स्थायी प्रमाण होते हैं। कई अभिलेखों में इनके निर्माण की तिथि भी खुदी होती है जिन पर तिथि नहीं मिलती है, उनका काल निर्धारण आमतौर पर *पुरालिपि* अथवा लेखन शैली के आधार पर काफ़ी सुस्पष्टता से किया जा सकता है। उदाहरण के लिए, लगभग 250 ई.पू. में अक्षर 'अ'  इस प्रकार लिखा जाता था और 500 ई. में यह  इस प्रकार लिखा जाता था।

प्राचीनतम अभिलेख प्राकृत भाषाओं में लिखे जाते थे। प्राकृत उन भाषाओं को कहा जाता था जो जनसामान्य की भाषाएँ होती थीं। इस अध्याय में अजातसत्तु और असोक जैसे शासकों के नाम प्राकृत भाषा में लिखे गए हैं, क्योंकि यह नाम प्राकृत अभिलेखों से प्राप्त हुए हैं। आपको यहाँ तमिल, पालि और संस्कृत जैसी भाषाओं के शब्द भी मिलेंगे, क्योंकि इन भाषाओं में भी अभिलेख मिलते हैं। यह संभव है कि लोग अन्य भाषाएँ भी बोलते थे लेकिन इनका उपयोग लेखन कार्य में नहीं किया जाता था।

जनपद का अर्थ एक ऐसा भूखंड है जहाँ कोई जन (लोग, कुल या जनजाति) अपना पाँव रखता है अथवा बस जाता है। इस शब्द का प्रयोग प्राकृत व संस्कृत दोनों में मिलता है

➲ ऐसे कौन से क्षेत्र हैं जहाँ राज्य और नगर सर्वाधिक सघन रूप से बसे थे।

और नौकरशाही के लिए भारी आर्थिक स्रोत की आवश्यकता होती थी। लगभग छठी शताब्दी ईसा पूर्व से संस्कृत में ब्राह्मणों ने धर्मशास्त्र नामक ग्रंथों की रचना शुरू की। इनमें शासक सहित अन्य के लिए नियमों का निर्धारण किया गया और यह अपेक्षा की जाती थी कि शासक क्षत्रिय वर्ण से ही होंगे (अध्याय 3 भी देखिए)। शासकों का काम किसानों, व्यापारियों और शिल्पकारों से कर तथा भेंट वसूलना माना जाता था। क्या वनवासियों और चरवाहों से भी कर रूप में कुछ लिया जाता था? हमें इतना तो ज्ञात है कि संपत्ति जुटाने का एक वैध उपाय पड़ोसी राज्यों पर आक्रमण करके धन इकट्ठा करना भी माना जाता था। धीरे-धीरे कुछ राज्यों ने अपनी स्थायी सेनाएँ और नौकरशाही तंत्र तैयार कर लिए। बाकी राज्य अब भी सहायक-सेना पर निर्भर थे जिन्हें प्रायः कृषक वर्ग से नियुक्त किया जाता था।

ओलीगार्की या समूहशासन उसे कहते हैं जहाँ सत्ता पुरुषों के एक समूह के हाथ में होती है। आपने पिछले वर्ष जिस रोमन गणराज्य के बारे में पढ़ा, वह एक समूह शासन ही है। यद्यपि इसका नाम अलग है।

2.2 सोलह महाजनपदों में प्रथम : मगध

छठी से चौथी शताब्दी ई.पू. में मगध (आधुनिक बिहार) सबसे शक्तिशाली महाजनपद बन गया। आधुनिक इतिहासकार इसके कई कारण बताते हैं। एक यह कि मगध क्षेत्र में खेती की उपज खास तौर पर अच्छी होती थी। दूसरे यह कि लोहे की खदानें (आधुनिक झारखंड में) भी आसानी से उपलब्ध थीं जिससे उपकरण और हथियार बनाना सरल होता था। जंगली क्षेत्रों में हाथी उपलब्ध थे जो सेना के एक महत्वपूर्ण अंग थे। साथ ही गंगा और इसकी उपनदियों से आवागमन सस्ता व सुलभ होता था। लेकिन आरंभिक जैन और बौद्ध लेखकों ने मगध की महत्ता का कारण विभिन्न शासकों की नीतियों को बताया है। इन लेखकों के अनुसार बिंबिसार, अजातसत्तु और महापद्मनंद जैसे प्रसिद्ध राजा अत्यंत महत्त्वाकांक्षी शासक थे, और इनके मंत्री उनकी नीतियाँ लागू करते थे।

प्रारंभ में, राजगाह (आधुनिक बिहार के राजगीर का प्राकृत नाम) मगध की राजधानी थी। यह रोचक बात है कि इस शब्द का अर्थ है 'राजाओं का घर'। पहाड़ियों के बीच बसा राजगाह एक किलेबंद शहर था। बाद में चौथी शताब्दी ई.पू. में पाटलिपुत्र को राजधानी बनाया गया, जिसे अब पटना कहा जाता है जिसकी गंगा के रास्ते आवागमन के मार्ग पर महत्वपूर्ण अवस्थिति थी।

➲ चर्चा कीजिए...

मगध की सत्ता के विकास के लिए आरंभिक और आधुनिक लेखकों ने क्या-क्या व्याख्याएँ प्रस्तुत की हैं? ये एक-दूसरे से कैसे भिन्न हैं।

चित्र 2.2
राजगीर के किले की दीवार

➲ इन दीवारों का निर्माण क्यों किया गया?

भाषाएँ और लिपियाँ

असोक के अधिकांश अभिलेख प्राकृत में हैं जबकि पश्चिमोत्तर से मिले अभिलेख अरामेइक और यूनानी भाषा में हैं। प्राकृत के अधिकांश अभिलेख ब्राह्मी लिपि में लिखे गए थे जबकि पश्चिमोत्तर के कुछ अभिलेख खरोष्ठी में लिखे गए थे। अरामेइक और यूनानी लिपियों का प्रयोग अफ़गानिस्तान में मिले अभिलेखों में किया गया था।

चित्र 2.3
सिंह शीर्ष

➲ सिंह शीर्ष को आज महत्वपूर्ण क्यों माना जाता है?

3. एक आरंभिक साम्राज्य

मगध के विकास के साथ-साथ मौर्य साम्राज्य का उदय हुआ। मौर्य साम्राज्य के संस्थापक चंद्रगुप्त मौर्य (लगभग 321 ई.पू.) का शासन पश्चिमोत्तर में अफ़गानिस्तान और बलूचिस्तान तक फैला था। उनके पौत्र असोक ने जिन्हें आरंभिक भारत का सर्वप्रसिद्ध शासक माना जा सकता है, कलिंग (आधुनिक उड़ीसा) पर विजय प्राप्त की।

3.1 मौर्यवंश के बारे में जानकारी प्राप्त करना

मौर्य साम्राज्य के इतिहास की रचना के लिए इतिहासकारों ने विभिन्न प्रकार के स्रोतों का उपयोग किया है। इनमें पुरातात्विक प्रमाण भी शामिल हैं, विशेषतया मूर्तिकला। मौर्यकालीन इतिहास के पुनर्निर्माण हेतु समकालीन रचनाएँ भी मूल्यवान सिद्ध हुई हैं, जैसे चंद्रगुप्त मौर्य के दरबार में आए यूनानी राजदूत मेगस्थनीज़ द्वारा लिखा गया विवरण। आज इसके कुछ अंश ही उपलब्ध हैं। एक और स्रोत जिसका उपयोग प्रायः किया जाता है, वह है *अर्थशास्त्र।* संभवतः इसके कुछ भागों की रचना कौटिल्य या चाणक्य ने की थी जो चंद्रगुप्त के मंत्री थे। साथ ही मौर्य शासकों का उल्लेख परवर्ती जैन, बौद्ध और पौराणिक ग्रंथों तथा संस्कृत वाङ्मय में भी मिलता है। यद्यपि उक्त साक्ष्य बड़े उपयोगी हैं लेकिन पत्थरों और स्तंभों पर मिले असोक के अभिलेख प्रायः सबसे मूल्यवान स्रोत माने जाते हैं।

असोक वह पहला सम्राट था जिसने अपने अधिकारियों और प्रजा के लिए संदेश प्राकृतिक पत्थरों और पॉलिश किए हुए स्तंभों पर लिखवाए थे। असोक ने अपने अभिलेखों के माध्यम से *धम्म* का प्रचार किया। इनमें बड़ों के प्रति आदर, संन्यासियों और ब्राह्मणों के प्रति उदारता, सेवकों और दासों के साथ उदार व्यवहार तथा दूसरे के धर्मों और परंपराओं का आदर शामिल हैं।

3.2 साम्राज्य का प्रशासन

मौर्य साम्राज्य के पाँच प्रमुख राजनीतिक केंद्र थे, राजधानी पाटलिपुत्र और चार प्रांतीय केंद्र–तक्षशिला, उज्जयिनी, तोसलि और सुवर्णगिरि। इन सबका उल्लेख असोक के अभिलेखों में किया गया है। यदि हम इन अभिलेखों का परीक्षण करें तो पता चलता है कि आधुनिक पाकिस्तान के पश्चिमोत्तर सीमांत प्रांत से लेकर आंध्र प्रदेश, उड़ीसा और उत्तराखंड तक हर स्थान पर एक जैसे संदेश उत्कीर्ण किए गए थे। क्या इतने विशाल साम्राज्य की प्रशासनिक व्यवस्था समान रही होगी? इतिहासकार अब इस निष्कर्ष पर पहुँचे हैं कि ऐसा संभव नहीं था। साम्राज्य में

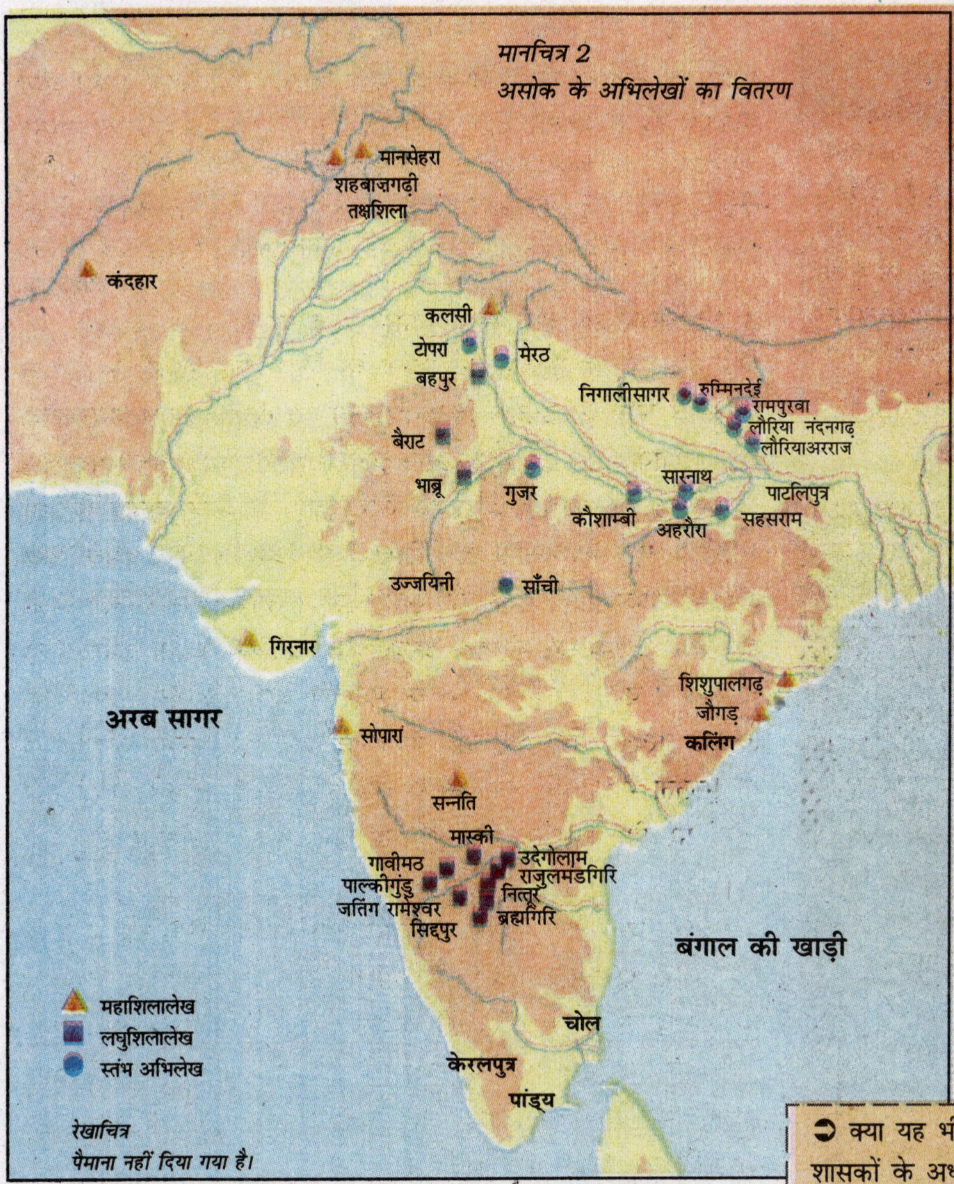

मानचित्र 2
असोक के अभिलेखों का वितरण

शामिल क्षेत्र बड़े विविध और भिन्न-भिन्न प्रकार के थे : कहाँ अफ़गानिस्तान के पहाड़ी क्षेत्र और कहाँ उड़ीसा के तटवर्ती क्षेत्र। यह संभव है कि सबसे प्रबल प्रशासनिक नियंत्रण साम्राज्य की राजधानी तथा उसके आसपास के प्रांतीय केंद्रों पर रहा हो। इन केंद्रों का चयन बड़े ध्यान से किया गया। तक्षशिला और उज्जयिनी दोनों लंबी दूरी वाले महत्वपूर्ण व्यापार मार्ग पर स्थित थे जबकि सुवर्णगिरि (अर्थात् सोने के पहाड़) कर्नाटक में सोने की खदान के लिए उपयोगी था।

➲ क्या यह भी संभव है कि जो क्षेत्र शासकों के अधीन नहीं थे वहाँ भी उन्होंने अभिलेख उत्कीर्ण करवाए होंगे?

स्रोत 1

सम्राट के अधिकारी क्या-क्या कार्य करते थे?

मेगस्थनीज़ के विवरण का एक अंश दिया गया है। साम्राज्य के महान अधिकारियों में से कुछ नदियों की देख-रेख और भूमि मापन का काम करते हैं जैसा कि मिस्र में होता था। कुछ प्रमुख नहरों से उपनहरों के लिए छोड़े जाने वाले पानी के मुखद्वार का निरीक्षण करते हैं ताकि हर स्थान पर पानी की समान पूर्ति हो सके। यही अधिकारी शिकारियों का संचालन करते हैं और शिकारियों के कृत्यों के आधार पर उन्हें इनाम या दंड देते हैं। वे कर वसूली करते हैं और भूमि से जुड़े सभी व्यवसायों का निरीक्षण करते हैं साथ ही लकड़हारों, बढ़ई, लोहारों और खननकर्ताओं का भी निरीक्षण करते हैं।

➲ विभिन्न व्यावसायिक समूहों के निरीक्षण के लिए इन अधिकारियों को क्यों नियुक्त किया जाता था?

साम्राज्य के संचालन के लिए भूमि और नदियों दोनों मार्गों से आवागमन बना रहना अत्यंत आवश्यक था। राजधानी से प्रांतों तक जाने में कई सप्ताह या महीनों का समय लगता होगा। इसका अर्थ यह है कि यात्रियों के लिए खान-पान की व्यवस्था और उनकी सुरक्षा भी करनी पड़ती होगी। यह स्पष्ट प्रतीत होता है कि सेना सुरक्षा का एक प्रमुख माध्यम रही होगी। मेगस्थनीज़ ने सैनिक गतिविधियों के संचालन के लिए एक समिति और छः उपसमितियों का उल्लेख किया है। इनमें से एक का काम नौसेना का संचालन करना था, तो दूसरी यातायात और खान-पान का संचालन करती थी, तीसरी का काम पैदल सैनिकों का संचालन, चौथी का अश्वारोहियों, पाँचवीं का रथारोहियों तथा छठी का काम हाथियों का संचालन करना था। दूसरी उपसमिति का दायित्व विभिन्न प्रकार का था : उपकरणों के ढोने के लिए बैलगाड़ियों की व्यवस्था, सैनिकों के लिए भोजन और जानवरों के लिए चारे की व्यवस्था करना तथा सैनिकों की देखभाल के लिए सेवकों और शिल्पकारों की नियुक्ति करना।

असोक ने अपने साम्राज्य को अखंड बनाए रखने का प्रयास किया। ऐसा उन्होंने *धम्म* के प्रचार द्वारा भी किया। जैसा कि हमने अभी ऊपर पढ़ा, *धम्म* के सिद्धांत बहुत ही साधारण और सार्वभौमिक थे। असोक के अनुसार *धम्म* के माध्यम से लोगों का जीवन इस संसार में और इसके बाद के संसार में अच्छा रहेगा। *धम्म* के प्रचार के लिए *धम्म महामात्त* नाम से विशेष अधिकारियों की नियुक्ति की गई।

3.3 मौर्य साम्राज्य कितना महत्वपूर्ण था?

उन्नीसवीं सदी में जब इतिहासकारों ने भारत के आरंभिक इतिहास की रचना करनी शुरू की तो मौर्य साम्राज्य को इतिहास का एक प्रमुख काल माना गया। इस समय भारत ब्रिटिश साम्राज्य के अधीन एक औपनिवेशिक देश था। उन्नीसवीं और आरंभिक बीसवीं सदी के भारतीय इतिहासकारों को प्राचीन भारत में एक ऐसे साम्राज्य की संभावना बहुत चुनौतीपूर्ण तथा उत्साहवर्धक लगी। साथ ही प्रस्तर मूर्तियों सहित मौर्यकालीन सभी पुरातत्व एक अद्भुत कला के प्रमाण थे जो साम्राज्य की पहचान माने जाते हैं। इतिहासकारों को लगा कि अभिलेखों पर लिखे संदेश अन्य शासकों के अभिलेखों से भिन्न हैं। इसमें उन्हें यह लगा कि अन्य राजाओं की अपेक्षा असोक एक बहुत शक्तिशाली और परिश्रमी शासक थे। साथ ही वे बाद के उन राजाओं की अपेक्षा विनीत भी थे जो अपने नाम के साथ बड़ी-बड़ी उपाधियाँ जोड़ते थे। इसलिए इसमें कोई आश्चर्यजनक बात नहीं थी कि बीसवीं सदी के राष्ट्रवादी नेताओं ने भी असोक को प्रेरणा का स्रोत माना।

➲ चर्चा कीजिए...

मेगस्थनीज़ और *अर्थशास्त्र* से उद्धृत अंशों को पुनः पढ़िए। मौर्य शासन के इतिहास लेखन में ये ग्रंथ कितने उपयोगी हैं?

फिर भी, मौर्य साम्राज्य कितना महत्वपूर्ण था? यह साम्राज्य मात्र डेढ़ सौ साल तक ही चल पाया जिसे उपमहाद्वीप के इस लंबे इतिहास में बहुत बड़ा काल नहीं माना जा सकता। इसके अतिरिक्त यदि आप मानचित्र 2 को देखें तो पता चलेगा कि मौर्य साम्राज्य उपमहाद्वीप के सभी क्षेत्रों में नहीं फैल पाया था। यहाँ तक कि साम्राज्य की सीमा के अंतर्गत भी नियंत्रण एकसमान नहीं था। दूसरी शताब्दी ई.पू. आते-आते उपमहाद्वीप के कई भागों में नए-नए शासक और रजवाड़े स्थापित होने लगे।

4. राजधर्म के नवीन सिद्धांत

4.1 दक्षिण के राजा और सरदार

उपमहाद्वीप के दक्कन और उससे दक्षिण के क्षेत्र में स्थित तमिलकम (अर्थात् तमिलनाडु एवं आंध्र प्रदेश और केरल के कुछ हिस्से) में चोल, चेर और पाण्ड्य जैसी सरदारियों का उदय हुआ। ये राज्य बहुत ही समृद्ध और स्थायी सिद्ध हुए।

सरदार और सरदारी

सरदार एक शक्तिशाली व्यक्ति होता है जिसका पद वंशानुगत भी हो सकता है और नहीं भी। उसके समर्थक उसके खानदान के लोग होते हैं। सरदार के कार्यों में विशेष अनुष्ठान का संचालन, युद्ध के समय नेतृत्व करना और विवादों को सुलझाने में मध्यस्थता की भूमिका निभाना शामिल है। वह अपने अधीन लोगों से भेंट लेता है (जबकि राजा कर वसूली करते हैं), और अपने समर्थकों में उस भेंट का वितरण करता है। सरदारी में सामान्यतया कोई स्थायी सेना या अधिकारी नहीं होते हैं।

हमें इन राज्यों के बारे में विभिन्न प्रकार के स्रोतों से जानकारी मिलती है। उदाहरण के तौर पर, प्राचीन तमिल संगम ग्रंथों में ऐसी कविताएँ हैं जो सरदारों का विवरण देती हैं कि उन्होंने अपने स्रोतों का संकलन और वितरण किस प्रकार से किया।

कई सरदार और राजा लंबी दूरी के व्यापार द्वारा राजस्व जुटाते थे। इनमें मध्य और पश्चिम भारत के क्षेत्रों पर शासन करने वाले सातवाहन (लगभग द्वितीय शताब्दी ई.पू. से द्वितीय शताब्दी ई. तक) और उपमहाद्वीप के पश्चिमोत्तर और पश्चिम में शासन करने वाले मध्य एशियाई मूल के शक शासक शामिल थे। उनके सामाजिक उद्गम के बारे में अधिक जानकारी तो नहीं है, लेकिन जैसा कि हम सातवाहन शासकों के बारे में अध्याय तीन में पढ़ेंगे कि एक बार सत्ता में आने के बाद उन्होंने ऊँचे सामाजिक अस्तित्व का दावा कई प्रकार से किया।

स्रोत 2

सेना के लिए हाथी पकड़ना

अर्थशास्त्र में सैनिक और प्रशासनिक संगठन के बारे में विस्तृत विवरण मिलते हैं। मिसाल के तौर पर हाथी को पकड़ने के उपाय के बारे में उसमें यह लिखा है:

> हाथी वनों के संरक्षक हाथियों को पालने वाले लोगों, हाथी के पैरों में जंज़ीर बाँधने वाले लोगों, सीमारक्षकों, वनवासियों और महावतों के साथ मिलकर पाँच से सात हथिनियों की मदद से, जंगली हाथियों द्वारा गिराए गए मलमूत्र को पहचानते हुए उन्हें पकड़ने का काम करते थे।

यूनानी स्रोतों के अनुसार, मौर्य सम्राट के पास छः लाख पैदल सैनिक, तीस हज़ार घुड़सवार तथा नौ हज़ार हाथी थे। कुछ इतिहासकार इस विवरण को अतिशयोक्तिपूर्ण मानते हैं।

➲ यदि यूनानी विवरण सही है, तो बताइए कि इतनी बड़ी सेना के भरण-पोषण के लिए मौर्य शासकों को किस तरह के संसाधनों की ज़रूरत पड़ती होगी?

स्रोत 3

पाण्ड्य सरदार सेनगुत्तुवन की वनयात्रा

यह तमिल महाकाव्य *सिलप्पादिकारम्* का एक अंश है :

जब वह वन की यात्रा पर थे तो लोग नाचते-गाते हुए पहाड़ों से उतरे ठीक उसी तरह जैसे पराजित लोग विजयी का आदर करते हैं। वे अपने साथ उपहार लाए, जिनमें हाथी दाँत, सुगंधित लकड़ी, हिरणों के बाल से बने चँवर, मधु, चंदन, गेरू, सुरमा, हल्दी, इलायची, मिर्च आदि वस्तुएँ थीं। वे अपने साथ नारियल, आम, जड़ी-बूटी, फल, प्याज, गन्ना, फूल, सुपारी, केला, बाघों के बच्चे, शेर, हाथी, बंदर, भालू, हिरण, कस्तूरी मृग, लोमड़ी, मोर, जंगली मुर्गे, बोलने वाले तोते आदि भी लाए।

➲ लोग यह उपहार क्यों लाए? सरदार इन उपहारों का उपयोग किसलिए करते होंगे?

4.2 दैविक राजा

राजाओं के लिए उच्च स्थिति प्राप्त करने का एक साधन विभिन्न देवी-देवताओं के साथ जुड़ना था। मध्य एशिया से लेकर पश्चिमोत्तर भारत तक शासन करने वाले कुषाण शासकों ने (लगभग प्रथम शताब्दी ई.पू. से प्रथम शताब्दी ई. तक) इस उपाय का सबसे अच्छा उद्धरण प्रस्तुत किया। कुषाण इतिहास की रचना अभिलेखों और साहित्य परंपरा के माध्यम से की गई है। जिस प्रकार के राजधर्म को कुषाण शासकों ने प्रस्तुत करने की इच्छा की उसका सर्वोत्तम प्रमाण उनके सिक्कों और मूर्तियों से प्राप्त होता है।

उत्तर प्रदेश में मथुरा के पास माट के एक देवस्थान पर कुषाण शासकों की विशालकाय मूर्तियाँ लगाई गई थीं। अफ़गानिस्तान के एक देवस्थान पर भी इसी प्रकार की मूर्तियाँ मिली हैं। कुछ इतिहासकारों का मानना है कि इन मूर्तियों के ज़रिए कुषाण स्वयं को देवतुल्य प्रस्तुत करना चाहते थे। कई कुषाण शासकों ने अपने नाम के आगे 'देवपुत्र' की उपाधि भी लगाई थी। संभवत: वे उन चीनी शासकों से प्रेरित हुए होंगे, जो स्वयं को स्वर्गपुत्र कहते थे।

चौथी शताब्दी ई. में गुप्त साम्राज्य सहित कई बड़े साम्राज्यों के साक्ष्य मिलते हैं। इनमें से कई साम्राज्य सामंतों पर निर्भर थे। अपना निर्वाह स्थानीय संसाधनों द्वारा करते थे जिसमें भूमि पर नियंत्रण भी शामिल था। वे शासकों का आदर करते थे और उनकी सैनिक सहायता भी करते थे। जो सामंत शक्तिशाली होते थे वे राजा भी बन जाते थे और जो राजा दुर्बल होते थे, वे बड़े शासकों के अधीन हो जाते थे।

गुप्त शासकों का इतिहास साहित्य, सिक्कों और अभिलेखों की सहायता से लिखा गया है। साथ ही कवियों द्वारा अपने राजा या स्वामी की प्रशंसा में लिखी प्रशस्तियाँ भी उपयोगी रही हैं। यद्यपि इतिहासकार इन रचनाओं के आधार पर ऐतिहासिक तथ्य निकालने का प्राय: प्रयास

चित्र 2.4
एक कुषाण सिक्का
अग्र भाग - कनिष्क
पृष्ठ भाग - देवता

➲ राजा को किस प्रकार दर्शाया गया है?

करते हैं लेकिन उनके रचयिता तथ्यात्मक विवरण की अपेक्षा उन्हें काव्यात्मक ग्रंथ मानते थे। उदाहरण के तौर पर, इलाहाबाद स्तंभ अभिलेख के नाम से प्रसिद्ध *प्रयाग प्रशस्ति* की रचना हरिषेण जो स्वयं गुप्त सम्राटों के संभवतः सबसे शक्तिशाली सम्राट समुद्रगुप्त के राजकवि थे, ने संस्कृत में की थी।

स्रोत 4

समुद्रगुप्त की प्रशस्ति

यह *प्रयाग प्रशस्ति* का एक अंश है :

धरती पर उनका कोई प्रतिद्वंद्वी नहीं था। अनेक गुणों और शुभकार्यों से संपन्न उन्होंने अपने पैर के तलवे से अन्य राजाओं के यश को मिटा दिया है। वे परमात्मा पुरुष हैं, साधु (भले) की समृद्धि और असाधु (बुरे) के विनाश के कारण हैं। वे अज्ञेय हैं। उनके कोमल हृदय को भक्ति और विनय से ही वश में किया जा सकता है। वे करुणा से भरे हुए हैं। वे अनेक सहस्र गायों के दाता हैं। उनके मस्तिष्क की दीक्षा दीन-दुखियों, विरहणियों और पीड़ितों के उद्धार के लिए की गई है। वे मानवता के लिए दिव्यमान उदारता की प्रतिमूर्ति हैं। वे देवताओं में कुबेर (धन-देव), वरुण (समुद्र-देव), इंद्र (वर्षा के देवता) और यम (मृत्यु-देव) के तुल्य हैं।

चित्र 2.5
बलुआ पत्थर से बनी कुषाण राजा की एक मूर्ति

➲ इस मूर्ति में ऐसी क्या विशेषताएँ हैं जिनसे यह प्रतीत होता है कि यह एक राजा की मूर्ति है?

➲ **चर्चा कीजिए...**

राजाओं ने दिव्य स्थिति का दावा क्यों किया?

स्रोत 5

गुजरात की सुदर्शन झील

मानचित्र 2 में गिरनार ढूँढ़िए। सुदर्शन झील एक कृत्रिम जलाशय था। हमें इसका ज्ञान लगभग दूसरी शताब्दी ई. के संस्कृत के एक पाषाण अभिलेख से होता है। इस अभिलेख को शक शासक रुद्रदमन की उपलब्धियों का उल्लेख करने के लिए बनवाया गया था।

इस अभिलेख में कहा गया है कि जलद्वारों और तटबंधों वाली इस झील का निर्माण मौर्य काल में एक स्थानीय राज्यपाल द्वारा किया गया था। लेकिन एक भीषण तूफान के कारण इसके तटबंध टूट गए और सारा पानी बह गया। बताया जाता है कि तत्कालीन शासक रुद्रदमन ने इस झील की मरम्मत अपने खर्चे से करवाई थी, और इसके लिए अपनी प्रजा से कर भी नहीं लिया था। इसी पाषाण-खंड पर एक और अभिलेख (लगभग पाँचवीं सदी) है जिसमें कहा गया है कि गुप्त वंश के एक शासक ने एक बार फिर इस झील की मरम्मत करवाई थी।

➲ शासकों ने सिंचाई के प्रबंध क्यों किए?

धान की रोपाई उन क्षेत्रों में की जाती है जहाँ पानी बहुतायत मात्रा में होता है। इसमें पहले धान के बीज अंकुरित करके पानी से भरे खेतों में पौधों की रोपाई की जाती है। चूँकि ज़्यादा मात्रा में पौध बच जाती है अत: इससे धान की उपज बढ़ जाती है।

5. बदलता हुआ देहात

5.1 जनता में राजा की छवि

राजाओं के बारे में प्रजा क्या सोचती थी? स्वाभाविक है कि अभिलेखों से सभी जवाब नहीं मिलते हैं। वस्तुत: साधारण जनता द्वारा राजाओं के बारे में अपने विचारों और अनुभव के विवरण कम ही छोड़े गए हैं। फिर भी इतिहासकारों ने इसका निराकरण करने का प्रयास किया है। उदाहरण के तौर पर, जातक और पंचतंत्र जैसे ग्रंथों में वर्णित कथाओं की समीक्षा करके इतिहासकारों ने पता लगाया है कि इनमें से अनेक कथाओं के स्रोत मौखिक किस्से-कहानियाँ हैं जिन्हें बाद में लिपिबद्ध किया गया होगा। जातक कथाएँ पहली सहस्राब्दि ई. के मध्य में पालि भाषा में लिखी गईं।

गंदतिन्दु जातक नामक एक कहानी में बताया गया है कि एक कुटिल राजा की प्रजा किस प्रकार से दुखी रहती है। इन लोगों में वृद्ध महिलाएँ, पुरुष, किसान, पशुपालक, ग्रामीण बालक और यहाँ तक कि जानवर भी शामिल हैं। जब राजा अपनी पहचान बदल कर प्रजा के बीच में यह पता लगाने गया कि लोग उसके बारे में क्या सोचते हैं तो एक-एक कर सबने अपने दुखों के लिए राजा को भला-बुरा कहा। उनकी शिकायत थी कि रात में डकैत उन पर हमला करते हैं तो दिन में कर इकट्ठा करने वाले अधिकारी। ऐसी परिस्थिति से बचने के लिए लोग अपने-अपने गाँव छोड़ कर जंगल में बस गए।

जैसा कि इस कथा से पता चलता है कि राजा और प्रजा, विशेषकर ग्रामीण प्रजा, के बीच संबंध तनावपूर्ण रहते थे, क्योंकि शासक अपने राजकोष को भरने के लिए बड़े-बड़े कर की माँग करते थे जिससे किसान खासतौर पर त्रस्त रहते थे। इस जातक कथा से पता चलता है कि इस संकट से बचने का एक उपाय जंगल की ओर भाग जाना होता था। इसी बीच करों की बढ़ती माँग को पूरा करने के लिए किसानों ने उपज बढ़ाने के और उपाए ढूँढ़ने शुरू किए।

5.2 उपज बढ़ाने के तरीके

उपज बढ़ाने का एक तरीका हल का प्रचलन था। जो छठी शताब्दी ई. पू. से ही गंगा और कावेरी की घाटियों के उर्वर कछारी क्षेत्र में फैल गया था। जिन क्षेत्रों में भारी वर्षा होती थी वहाँ लोहे के फाल वाले हलों के माध्यम से उर्वर भूमि की जुताई की जाने लगी। इसके अलावा गंगा की घाटी में धान की रोपाई की वजह से उपज में भारी वृद्धि होने लगी। हालाँकि किसानों को इसके लिए कमरतोड़ मेहनत करनी पड़ती थी।

यद्यपि लोहे के फाल वाले हल की वजह से फसलों की उपज बढ़ने लगी लेकिन ऐसे हलों का उपयोग उपमहाद्वीप के कुछ ही हिस्से में

सीमित था। पंजाब और राजस्थान जैसी अर्धशुष्क ज़मीन वाले क्षेत्रों में लोहे के फाल वाले हल का प्रयोग बीसवीं सदी में शुरू हुआ। जो किसान उपमहाद्वीप के पूर्वोत्तर और मध्य पर्वतीय क्षेत्रों में रहते थे उन्होंने खेती के लिए कुदाल का उपयोग किया, जो ऐसे इलाके के लिए कहीं अधिक उपयोगी था।

उपज बढ़ाने का एक और तरीका कुओं, तालाबों और कहीं-कहीं नहरों के माध्यम से सिंचाई करना था। व्यक्तिगत लोगों और कृषक समुदायों ने मिलकर सिंचाई के साधन निर्मित किए। व्यक्तिगत तौर पर तालाबों, कुओं और नहरों जैसे सिंचाई साधन निर्मित करने वाले लोग प्राय: राजा या प्रभावशाली लोग थे जिन्होंने अपने इन कामों का उल्लेख अभिलेखों में भी करवाया।

5.3 ग्रामीण समाज में विभिन्नताएँ

यद्यपि खेती की इन नयी तकनीकों से उपज तो बढ़ी लेकिन इसके लाभ समान नहीं थे। इस बात के प्रमाण मिलते हैं कि खेती से जुड़े लोगों में उत्तरोत्तर भेद बढ़ता जा रहा था। कहानियों में विशेषकर बौद्ध कथाओं में भूमिहीन खेतिहर श्रमिकों, छोटे किसानों और बड़े-बड़े ज़मींदारों का उल्लेख मिलता है। पालि भाषा में *गहपति* का प्रयोग छोटे किसानों और ज़मींदारों के लिए किया जाता था। बड़े-बड़े ज़मींदार और ग्राम प्रधान शक्तिशाली माने जाते थे जो प्राय: किसानों पर नियंत्रण रखते थे। ग्राम प्रधान का पद प्राय: वंशानुगत होता था। आरंभिक तमिल संगम साहित्य में भी गाँवों में रहने वाले विभिन्न वर्गों के लोगों का उल्लेख है, जैसे कि *वेल्लालर* या बड़े ज़मींदार; हलवाहा या *उल्वर* और दास *अणिमई*। यह संभव है कि वर्गों की यह विभिन्नता भूमि के स्वामित्व, श्रम और नयी प्रौद्योगिकी के उपयोग पर आधारित हो। ऐसी परिस्थिति में भूमि का स्वामित्व महत्वपूर्ण हो गया जिसकी चर्चा प्राय: विधि ग्रंथों में की जाती थी।

गहपति

गहपति घर का मुखिया होता था और घर में रहने वाली महिलाओं, बच्चों, नौकरों और दासों पर नियंत्रण करता था। घर से जुड़े भूमि, जानवर या अन्य सभी वस्तुओं का वह मालिक होता था। कभी-कभी इस शब्द का प्रयोग नगरों में रहने वाले संभ्रांत व्यक्तियों और व्यापारियों के लिए भी होता था।

स्रोत 6

सीमाओं का महत्त्व

मनुस्मृति आरंभिक भारत का सबसे प्रसिद्ध विधिग्रंथ है। इसे संस्कृत भाषा में दूसरी शताब्दी ई.पू. और दूसरी शताब्दी ई. के बीच लिखा गया था। इस ग्रंथ में राजा को यह सलाह दी गई है :

> चूँकि सीमाओं की अनभिज्ञता के कारण विश्व में बार-बार विवाद पैदा होते हैं इसलिए उसे सीमाओं की पहचान के लिए गुप्त निशान ज़मीन में गाड़ कर रखने चाहिए जैसे कि पत्थर, हड्डियाँ, गाय के बाल, भूसी, राख, खपटे, गाय के सूखे गोबर, ईंट, कोयला, कंकड़ और रेत। उसे सीमाओं पर इसी प्रकार के और तत्व भूमि में छुपा कर गाड़ने चाहिए जो समय के साथ नष्ट न हों।

➲ क्या ये सीमा चिह्न विवाद के हल के लिए पर्याप्त रहे होंगे?

स्रोत 7

एक छोटे गाँव का जीवन

हर्षचरित संस्कृत में लिखी गई कन्नौज (मानचित्र 3 देखिए) के शासक हर्षवर्धन की जीवनी है, इसके लेखक बाणभट्ट (लगभग सातवीं शताब्दी ई.) हर्षवर्धन के राजकवि थे। यह उस ग्रंथ का एक अंश है। इसमें विंध्य क्षेत्र के जंगल के किनारे की एक बस्ती के जीवन का एक अतिविरल चित्रण किया गया है:

बस्ती के किनारे का अधिकांश क्षेत्र जंगल है और यहाँ धान की उपज वाली, खलिहान और उपजाऊ भूमि के हिस्सों को छोटे किसानों ने आपस में बाँट लिया है... यहाँ के अधिकांश लोग कुदाल का प्रयोग करते हैं... क्योंकि घास से भरी भूमि में हल चलाना मुश्किल है। बहुत कम हिस्से साफ़ हैं, जो हैं भी उसकी काली मिट्टी काले लोहे जैसी सख्त है।

यहाँ लोग पेड़ की छाल के गट्ठर लेकर चलते हैं... फूलों से भरे अनगिनत बोरे... अलसी और सन, भारी भात्रा में शहद, मोरपंख, मोम, लकड़ी और घास के बोझ लेकर आते-जाते रहते हैं। ग्रामीण महिलाएँ रास्ते में बसे गाँवों में जाकर बेचने को तत्पर रहती हैं। उनके सिरों पर जंगल से एकत्र किए गए फलों की टोकरियाँ थीं।

➲ इस अंश में वर्णित लोगों को व्यवसाय के आधार पर आप कैसे वर्गीकृत करेंगे?

5.4 भूमिदान और नए संभ्रात ग्रामीण

ईसवी की आरंभिक शताब्दियों से ही भूमिदान के प्रमाण मिलते हैं। इनमें से कई का उल्लेख अभिलेखों में मिलता है। इनमें से कुछ अभिलेख पत्थरों पर लिखे गए थे लेकिन अधिकांश ताम्र पत्रों पर खुदे होते थे जिन्हें संभवत: उन लोगों को प्रमाण रूप में दिया जाता था जो भूमिदान लेते थे। भूमिदान के जो प्रमाण मिले हैं वे साधारण तौर पर धार्मिक संस्थाओं या ब्राह्मणों को दिए गए थे। अधिकांश अभिलेख संस्कृत में थे। विशेषकर सातवीं शताब्दी के बाद के अभिलेखों के कुछ अंश संस्कृत में हैं और कुछ तमिल और तेलुगु जैसी स्थानीय भाषाओं में हैं। आइए एक ऐसे अभिलेख पर ध्यान से विचार करें।

प्रभावती गुप्त आरंभिक भारत के एक सबसे महत्वपूर्ण शासक चंद्रगुप्त द्वितीय (लगभग 375-415 ई.) की पुत्री थी। उसका विवाह दक्कन पठार के वाकाटक परिवार में हुआ था जो एक महत्वपूर्ण शासक वंश था। संस्कृत धर्मशास्त्रों के अनुसार, महिलाओं को भूमि जैसी संपत्ति पर स्वतंत्र अधिकार नहीं था लेकिन एक अभिलेख से पता चलता है कि प्रभावती भूमि की स्वामी थी और उसने दान भी किया था। इसका एक कारण यह हो सकता है, क्योंकि वह एक रानी (आरंभिक भारतीय इतिहास की ज्ञात कुछ रानियों में से एक) थी और इसीलिए उनका यह उदाहरण एक विरला ही रहा हो। यह भी संभव है कि धर्मशास्त्रों को हर स्थान पर समान रूप से लागू नहीं किया जाता हो।

अभिलेख से हमें ग्रामीण प्रजा का भी पता चलता है। इनमें ब्राह्मण, किसान तथा अन्य प्रकार के वर्ग शामिल थे जो शासकों या उनके प्रतिनिधियों को कई प्रकार की वस्तुएँ प्रदान करते थे। अभिलेख के अनुसार इन लोगों को गाँव के नए प्रधान की आज्ञाओं का पालन करना पड़ता था और संभवत: अपने भुगतान उसे ही देने पड़ते थे।

इस प्रकार भूमिदान अभिलेख देश के कई हिस्सों में प्राप्त हुए हैं। क्षेत्रों में दान में दी गई भूमि की माप में अंतर है : कहीं-कहीं छोटे-छोटे टुकड़े, तो कहीं कहीं बड़े-बड़े क्षेत्र दान में दिए गए हैं। साथ ही भूमिदान में दान प्राप्त करने वाले लोगों के अधिकारों में भी क्षेत्रीय परिवर्तन मिलते हैं। इतिहासकारों में भूमिदान का प्रभाव एक गर्म वाद-विवाद का विषय बना हुआ है। कुछ इतिहासकारों का मानना है कि भूमिदान शासक वंश द्वारा कृषि को नए क्षेत्रों में प्रोत्साहित करने की एक रणनीति थी, जबकि कुछ का कहना है कि भूमिदान से दुर्बल होते राजनीतिक प्रभुत्व का संकेत मिलता है अर्थात् राजा का शासन सामंतों पर दुर्बल होने लगा तो उन्होंने भूमिदान के माध्यम से अपने समर्थक जुटाने प्रारंभ कर दिए। उनका यह भी मानना है कि राजा स्वयं को उत्कृष्ट स्तर के मानव के

रूप में प्रदर्शित करना चाहते थे (जैसा कि हमने पिछले अंश में देखा है)। उनका नियंत्रण ढीला होता जा रहा था इसलिए वे अपनी शक्ति का आडंबर प्रस्तुत करना चाहते थे।

स्रोत 8

प्रभावती गुप्त और दंगुन गाँव

प्रभावती गुप्त ने अपने अभिलेख में यह कहा है:

प्रभावती ग्राम कुटुंबिनों (गाँव के गृहस्थ और कृषक), ब्राह्मणों, और दंगुन गाँव के अन्य वासियों को आदेश देती है ...

"आपको ज्ञात हो कि कार्तिक शुक्ल पक्ष की द्वादशी तिथि को धार्मिक पुण्य प्राप्ति के लिए इस ग्राम को जल अर्पण के साथ आचार्य चनालस्वामी को दान किया गया है। आपको इनके सभी आदेशों का पालन करना चाहिए।

एक *अग्रहार* के लिए उपयुक्त निम्नलिखित रियायतों का निर्देश भी देती हूँ। इस गाँव में पुलिस या सैनिक प्रवेश नहीं करेंगे। दौरे पर आने वाले शासकीय अधिकारियों को यह गाँव घास देने और आसन में प्रयुक्त होने वाली जानवरों की खाल और कोयला देने के दायित्व से मुक्त है। साथ ही वे मदिरा खरीदने और नमक हेतु खुदाई करने के राजसी अधिकार को कार्यान्वित किए जाने से मुक्त हैं। इस गाँव को खनिज-पदार्थ और *खदिर* वृक्ष के उत्पाद देने से भी छूट है। फूल और दूध देने से भी छूट है। इस गाँव का दान इसके भीतर की संपत्ति और बड़े-छोटे सभी करों सहित किया गया है।"

इस राज्यादेश को 13वें राज्य वर्ष में लिखा गया है और इसे चक्रदास ने उत्कीर्ण किया है।

➲ इस गाँव में कौन-कौन सी वस्तुएँ पैदा की जाती थीं?

अग्रहार उस भूभाग को कहते थे जो ब्राह्मणों को दान किया जाता था। ब्राह्मणों से भूमिकर या अन्य प्रकार के कर नहीं वसूले जाते थे। ब्राह्मणों को स्वयं स्थानीय लोगों से कर वसूलने का अधिकार था।

भूमिदान के प्रचलन से राज्य तथा किसानों के बीच संबंध की झाँकी मिलती है। लेकिन कुछ लोग ऐसे भी थे जिन पर अधिकारियों या *सामंतों* का नियंत्रण नहीं था: जैसे कि पशुपालक, संग्राहक, शिकारी, मछुआरे, शिल्पकार (घुमक्कड़ तथा लगभग एक ही स्थान पर रहने वाले) और जगह-जगह घूम कर खेती करने वाले लोग। सामान्यत: ऐसे लोग अपने जीवन और आदान-प्रदान के विवरण नहीं रखते थे।

➲ चर्चा कीजिए...

यह पता कीजिए कि क्या आपके राज्य में हल से खेती, सिंचाई, तथा धान की रोपाई की जाती है? और अगर नहीं तो क्या कोई वैकल्पिक व्यवस्थाएँ हैं।

6. नगर एवं व्यापार

6.1 नए नगर

आइए उन नगरों की बात करें जिनका विकास लगभग छठी शताब्दी ई.पू. में

पाटलिपुत्र का इतिहास

प्रत्येक नगर का अपना इतिहास था। उदाहरण के तौर पर, पाटलिपुत्र का विकास पाटलिग्राम नाम के एक गाँव से हुआ। फिर पाँचवीं सदी ई.पू. में मगध शासकों ने अपनी राजधानी राजगाह से हटाकर इसे बस्ती में लाने का निर्णय किया और इसका नाम बदल दिया। चौथी शताब्दी ई. पू. तक आते-आते यह मौर्य साम्राज्य की राजधानी और एशिया के सबसे बड़े नगरों में से एक बन गया। बाद में इसका महत्त्व कम हो गया और जब चीनी यात्री श्वैन त्सांग सातवीं सदी ई. में यहाँ आया तो इसे यह नगर खंडहर में बदला मिला और उस समय यहाँ की जनसंख्या भी कम थी।

उपमहाद्वीप के विभिन्न क्षेत्रों में हुआ। जैसा कि हमने पढ़ा है, इनमें से अधिकांश नगर *महाजनपदों* की राजधानियाँ थे। प्रायः सभी नगर संचार मार्गों के किनारे बसे थे। पाटलिपुत्र जैसे कुछ नगर नदीमार्ग के किनारे बसे थे। उज्जयिनी जैसे अन्य नगर भूतल मार्गों के किनारे थे। इसके अलावा पुहार जैसे नगर समुद्रतट पर थे, जहाँ से समुद्री मार्ग प्रारंभ हुए। मथुरा जैसे अनेक शहर व्यावसायिक, सांस्कृतिक और राजनीतिक गतिविधियों के जीवंत केंद्र थे।

6.2 नगरीय जनसंख्या :

संभ्रांत वर्ग और शिल्पकार

हमने पढ़ा है कि शासक वर्ग और राजा किलेबंद नगरों में रहते थे। यद्यपि इनमें से अधिकांश स्थलों पर व्यापक रूप से खुदाई करना संभव नहीं है, क्योंकि आज भी इन क्षेत्रों में लोग रहते हैं (हड़प्पा शहरों से भिन्न)। लेकिन फिर भी यहाँ से विभिन्न प्रकार के पुरावशेष प्राप्त हुए हैं। इनमें उत्कृष्ट श्रेणी के मिट्टी के कटोरे और थालियाँ मिली हैं जिन पर चमकदार कलई चढ़ी है। इन्हें उत्तरी कृष्ण मार्जित पात्र कहा जाता है। संभवतः इनका उपयोग अमीर लोग किया करते होंगे। साथ ही सोने चाँदी, कांस्य, ताँबे, हाथी दाँत, शीशे जैसे तरह-तरह के पदार्थों के बने गहने, उपकरण, हथियार, बर्तन, सीप और पक्की मिट्टी मिली हैं।

द्वितीय शताब्दी ई.पू. आते-आते हमें कई नगरों में छोटे दानात्मक अभिलेख प्राप्त होते हैं। इनमें दाता के नाम के साथ-साथ प्रायः उसके व्यवसाय का भी उल्लेख होता है। इनमें नगरों में रहने वाले धोबी,

चित्र 2.6

एक प्रतिमा की भेंट

यह मथुरा से मिली एक मूर्ति का भाग है। इस पर प्राकृत में अभिलेख है जिसमें कहा गया है कि एक स्वर्णकार धर्मक की पत्नी नागपिया ने इसे एक धार्मिक स्थल में स्थापित किया था।

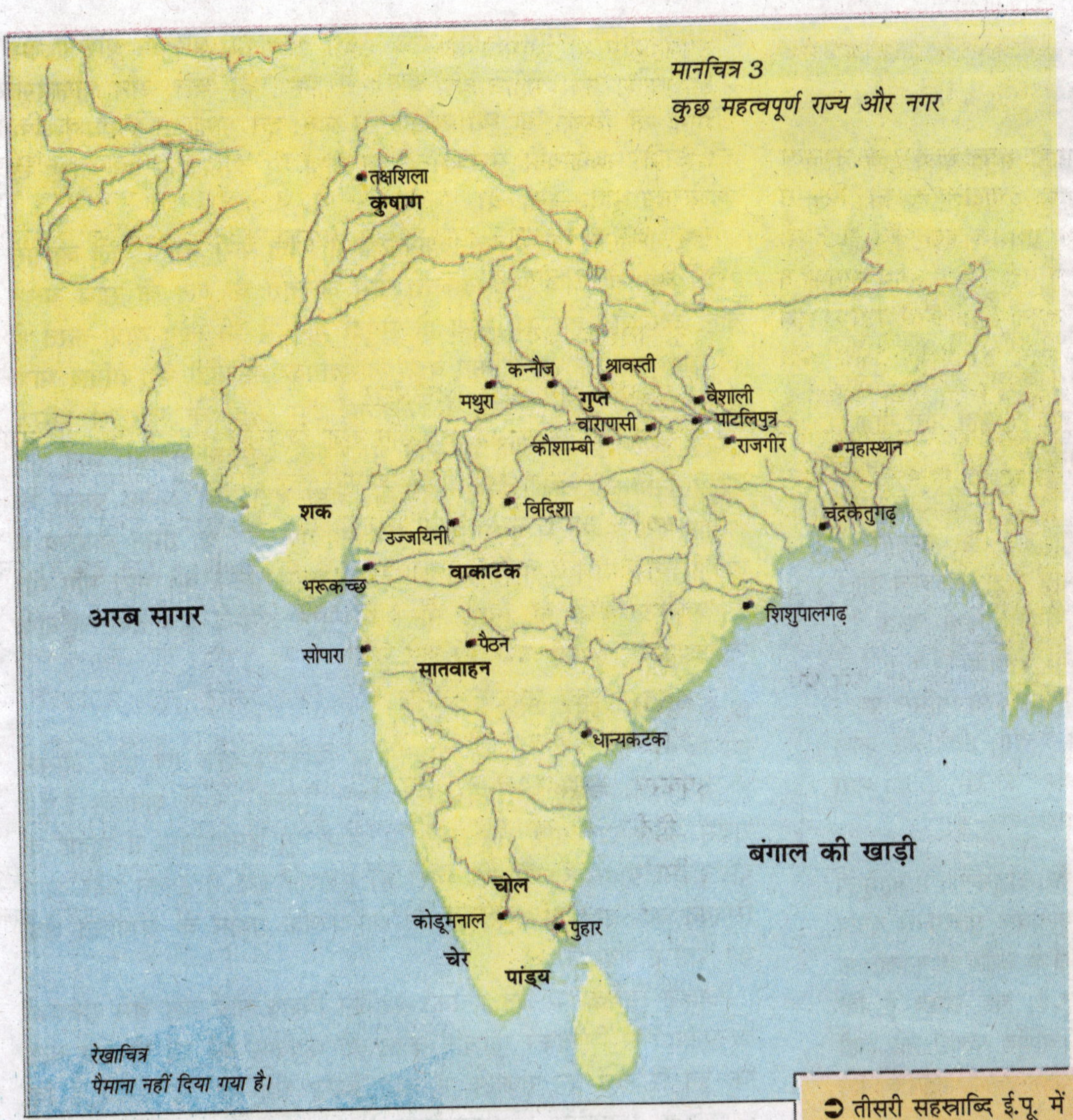

➲ तीसरी सहस्राब्दि ई.पू. में हड़प्पा सभ्यता जिस क्षेत्र में फैली क्या वहाँ कोई नगर थे?

बुनकर, लिपिक, बढ़ाई, कुम्हार, स्वर्णकार, लौहकार, अधिकारी, धार्मिक गुरु, व्यापारी और राजाओं के बारे में विवरण लिखे होते हैं।

कभी-कभी उत्पादकों और व्यापारियों के संघ का भी उल्लेख मिलता है जिन्हें *श्रेणी* कहा गया है। ये श्रेणियाँ संभवतः पहले कच्चे माल को खरीदती थीं; फिर उनसे सामान तैयार कर बाज़ार में बेच देती थीं। यह संभव है कि शिल्पकारों ने नगर में रहने वाले संभ्रांत लोगों की बढ़ती माँग को पूरा करने के लिए कई प्रकार के लौह उपकरणों का प्रयोग किया हो।

6.3 उपमहाद्वीप और उसके बाहर का व्यापार

छठी शताब्दी ई.पू. से ही उपमहाद्वीप में नदी मार्गों और भूमार्गों का मानो जाल बिछ गया था और कई दिशाओं में फैल गया था। मध्य एशिया और उससे भी आगे तक भू-मार्ग थे। समुद्रतट पर बने कई बंदरगाहों से

दानात्मक अभिलेखों में धार्मिक संस्थाओं को दिए दान का विवरण होता है।

स्रोत 9

मालाबार तट (आधुनिक केरल)

यह एक यूनानी समुद्र यात्री द्वारा रचित *पेरिप्लस ऑफ़ एरीथ्रियन सी* का एक अंश (लगभग प्रथम शताब्दी ई.) है।

भारी मात्रा में काली मिर्च और दाल चीनी खरीदने के लिए बाज़ार वाले नगरों में वे (विदेशी व्यापारी) जहाज़ भेजते हैं। एक तो यहाँ भारी मात्रा में सिक्कों, पुखराज, सुरमा, मूँगे, कच्चे शीशे, ताँबे, टिन और सीसे का आयात किया जाता है... इन बाज़ारों के आसपास भारी मात्रा में उत्पन्न काली मिर्च का निर्यात किया जाता है... इसके अलावा, उच्च कोटि के मोतियों, हाथी दाँत, रेशमी वस्त्र विभिन्न प्रकार के पारदर्शी पत्थरों, हीरों और काले नग और कछुए की खोपड़ी का भारी मात्रा में आयात होता है।

तमिलनाडु के कोडुमनाल में बहुमूल्य और कम मूल्यवान पत्थरों से बनाए जाने वाले मूँगों के उद्योग के पुरातात्विक साक्ष्य मिले हैं। यह संभव है कि *पेरिप्लस* में वर्णित पत्थरों को इन्हीं तटवर्ती बंदरगाहरों तक स्थानीय व्यापारी लाए होंगे।

➲ लेखक ने यह सूची क्यों तैयार की थी?

पेरिप्लस यूनानी भाषा का शब्द है जिसका अर्थ समुद्री यात्रा है और *एरीथ्रियन* यूनानी भाषा में लाल सागर को कहते हैं।

जलमार्ग अरब सागर से होते हुए, उत्तरी अफ़्रीका, पश्चिम एशिया तक फैल गया; और बंगाल की खाड़ी से यह मार्ग चीन और दक्षिणपूर्व एशिया तक फैल गया था। शासकों ने प्रायः इन मार्गों पर नियंत्रण करने की कोशिश की और संभवतः वे इन मार्गों पर व्यापारियों की सुरक्षा के बदले उनसे धन लेते थे।

इन मार्गों पर चलने वाले व्यापारियों में पैदल फेरी लगाने वाले व्यापारी तथा बैलगाड़ी और घोड़े-खच्चरों जैसे जानवरों के दल के साथ चलने वाले व्यापारी होते थे। साथ ही समुद्री मार्ग से भी लोग यात्रा करते थे जो खतरनाक तो थी, लेकिन बहुत लाभदायक भी होती थी। तमिल भाषा में *मसत्थुवन* और प्राकृत में *सत्थवाह* और *सेट्ठी* के नाम से प्रसिद्ध सफल व्यापारी बड़े धनी हो जाते थे। नमक, अनाज, कपड़ा, धातु और उससे निर्मित उत्पाद, पत्थर, लकड़ी, जड़ी-बूटी जैसे अनेक प्रकार के सामान एक स्थान से दूसरे स्थान तक पहुँचाए जाते थे। रोमन साम्राज्य में काली मिर्च, जैसे मसालों तथा कपड़ों व जड़ी-बूटियों की भारी माँग थी। इन सभी वस्तुओं को अरब सागर के रास्ते भूमध्य क्षेत्र तक पहुँचाया जाता था।

6.4 सिक्के और राजा

व्यापार के लिए सिक्के के प्रचलन से विनिमय कुछ हद तक आसान हो गया था। चाँदी और ताँबे के आहत सिक्के (छठी शताब्दी ई.पू.) सबसे पहले ढाले गए और प्रयोग में आए। पूरे उपमहाद्वीप में खुदाई के दौरान इस प्रकार के सिक्के मिले हैं। मुद्राशास्त्रियों ने इनका और अन्य सिक्कों का अध्ययन करके उनके वाणिज्यिक प्रयोग के संभावित क्षेत्रों का पता लगाया है।

आहत सिक्के पर बने प्रतीकों को उन विशेष मौर्य वंश जैसे राजवंशों के प्रतीकों से मिलाकर पहचान करने की कोशिश की गई तो पता चला कि इन सिक्कों को राजाओं ने जारी किया था। यह भी संभव है कि व्यापारियों, धनपतियों और नागरिकों ने इस प्रकार के कुछ सिक्के जारी किए हों। शासकों की प्रतिमा और नाम के साथ सबसे पहले सिक्के हिंद-यूनानी शासकों ने जारी किए थे जिन्होंने द्वितीय शताब्दी ई.पू. में उपमहाद्वीप के उत्तर-पश्चिमी क्षेत्र पर नियंत्रण स्थापित किया था।

हालाँकि सोने के सिक्के बड़े पैमाने पर प्रथम शताब्दी ईसवी में कुषाण राजाओं ने जारी किए थे। इनके आकार और वज़न तत्कालीन रोमन सम्राटों तथा ईरान के पार्थियन शासकों द्वारा जारी सिक्कों के बिलकुल समान थे। उत्तर और मध्य भारत के कई पुरास्थलों पर ऐसे सिक्के मिले हैं। सोने के सिक्कों के व्यापक प्रयोग से संकेत मिलता है कि बहुमूल्य वस्तुओं और भारी मात्रा में वस्तुओं का विनिमय किया जाता था। इसके अलावा, दक्षिण भारत के अनेक पुरास्थलों से बड़ी संख्या में रोमन सिक्के मिले हैं जिनसे यह स्पष्ट है कि व्यापारिक तंत्र राजनीतिक सीमाओं से बँधा

नहीं था; क्योंकि दक्षिण भारत रोमन साम्राज्य के अंतर्गत न होते हुए भी व्यापारिक दृष्टि से रोमन साम्राज्य से संबंधित था।

पंजाब और हरियाणा जैसे क्षेत्रों के यौधेय (प्रथम शताब्दी ई.) कबायली गणराज्यों ने भी सिक्के जारी किए थे। पुराविदों को यौधेय शासकों द्वारा जारी ताँबे के सिक्के हज़ारों की संख्या में मिले हैं जिनसे यौधेयों की व्यापार में रुचि और सहभागिता परिलक्षित होती है।

सोने के सबसे भव्य सिक्कों में से कुछ गुप्त शासकों ने जारी किए। इनके आरंभिक सिक्कों में प्रयुक्त सोना अति उत्तम था। इन सिक्कों के माध्यम से दूर देशों से व्यापार-विनिमय करने में आसानी होती थी जिससे शासकों को भी लाभ होता था।

छठी शताब्दी ई. से सोने के सिक्के मिलने कम हो गए। क्या इससे यह संकेत मिलता है कि उस काल में कुछ आर्थिक संकट पैदा हो गया था? इतिहासकारों में इसे लेकर मतभेद है। कुछ का कहना है कि रोमन साम्राज्य के पतन के बाद दूरवर्ती व्यापार में कमी आई जिससे उन राज्यों, समुदायों और क्षेत्रों की संपन्नता पर असर पड़ा जिन्हें दूरवर्ती व्यापार से लाभ मिलता था। अन्य का कहना है, कि इस काल में नए नगरों और व्यापार के नवीन तंत्रों का उदय होने लगा था। उनका यह भी कहना है कि यद्यपि इस काल के सोने के सिक्कों का मिलना तो कम हो गया लेकिन अभिलेखों और ग्रंथों में सिक्के का उल्लेख होता रहा है। क्या इसका अर्थ यह हो सकता है कि सिक्के इसलिए कम मिलते हैं क्योंकि वे प्रचलन में थे और उनका किसी ने संग्रह करके नहीं रखा था।

मुद्राशास्त्र सिक्कों का अध्ययन है। इसके साथ ही उन पर पाए जाने वाले चित्र, लिपि आदि तथा उनकी धातुओं का विश्लेषण और जिन संदर्भों में इन सिक्के को पाया गया है, उनका अध्ययन भी मुद्राशास्त्र के अंतर्गत आता है।

चित्र 2.7
आहत शब्द से ही स्पष्ट है कि इन सिक्कों पर प्रतीकों को आहत कर उन्हें बनाया जाता था

चित्र 2.8
एक यौधेय सिक्का

7. मूल बातें

अभिलेखों का अर्थ कैसे निकाला जाता है?

अभी तक हम अन्य बातों के अलावा अभिलेखों के अंशों के बारे में अध्ययन कर रहे थे। लेकिन इतिहासकारों को यह कैसे ज्ञात होता है कि अभिलेखों पर क्या लिखा है?

चित्र 2.9
एक गुप्त सिक्का

चर्चा कीजिए...

व्यापार में विनिमय के लिए क्या-क्या प्रयोग होता था? उल्लिखित स्रोतों से किस प्रकार के विनिमय का पता चलता है। क्या कुछ विनिमय ऐसे भी हैं जिनका ज्ञान स्रोतों से नहीं हो पाता है?

चित्र 2.10
असोक का एक अभिलेख

𑀓	क
𑀘	च
𑀠	ढ
𑀤	द
𑀫	म
𑀭	र

चित्र 2.11
असोक के समय की ब्राह्मी व उसके समानार्थी देवनागरी अक्षर

➲ क्या कुछ देवनागरी अक्षर ब्राह्मी से मिलते-जुलते हैं? क्या कुछ भिन्न भी हैं?

7.1 ब्राह्मी लिपि का अध्ययन

आधुनिक भारतीय भाषाओं में प्रयुक्त लगभग सभी लिपियों का मूल ब्राह्मी लिपि है। ब्राह्मी लिपि का प्रयोग असोक के अभिलेखों में किया गया है। अट्ठारहवीं सदी से यूरोपीय विद्वानों ने भारतीय पंडितों की सहायता से आधुनिक बंगाली और देवनागरी लिपि में कई पांडुलिपियों का अध्ययन शुरू किया और उनके अक्षरों की प्राचीन अक्षरों के नमूनों से तुलना शुरू की।

आरंभिक अभिलेखों का अध्ययन करने वाले विद्वानों ने कई बार यह अनुमान लगाया कि ये संस्कृत में लिखे हैं जबकि प्राचीनतम अभिलेख वस्तुतः प्राकृत में थे। फिर कई दशकों बाद अभिलेख वैज्ञानिकों के अथक परिश्रम के बाद जेम्स प्रिंसेप ने असोककालीन ब्राह्मी लिपि का 1838 ई. में अर्थ निकाल लिया।

7.2 खरोष्ठी लिपि को कैसे पढ़ा गया?

पश्चिमोत्तर के अभिलेखों में प्रयुक्त खरोष्ठी लिपि के पढ़े जाने की कहानी अलग है। इस क्षेत्र में शासन करने वाले हिंद-यूनानी राजाओं (लगभग द्वितीय-प्रथम शताब्दी ई.पू.) द्वारा बनवाए गए सिक्कों से जानकारी हासिल करने में आसानी हुई है। इन सिक्कों में राजाओं के नाम यूनानी और खरोष्ठी में लिखे गए हैं। यूनानी भाषा पढ़ने वाले यूरोपीय विद्वानों ने अक्षरों का मेल किया। उदाहरण के तौर पर, दोनों लिपियों में अपोलोडोटस का नाम लिखने में एक ही प्रतीक, मान लीजिए 'अ' प्रयुक्त किया गया। चूँकि प्रिंसेप ने खरोष्ठी में लिखे अभिलेखों की भाषा

की पहचान प्राकृत के रूप में की थी इसलिए लंबे अभिलेखों को पढ़ना सरल हो गया।

7.3 अभिलेखों से प्राप्त ऐतिहासिक साक्ष्य

इतिहासकारों एवं अभिलेखशास्त्रियों के काम करने के तरीकों का पता लगाने के लिए आइए असोक के दो अभिलेखों को ध्यान से पढ़ें।

ध्यान देने योग्य बात है कि अभिलेख (स्रोत 10) में शासक असोक का नाम नहीं लिखा है। उसमें असोक द्वारा अपनाई गई उपाधियों का प्रयोग किया गया है; जैसे कि *देवानांपिय* अर्थात् देवताओं का प्रिय और '*पियदस्सी*' यानी 'देखने में सुन्दर'। असोक नाम अन्य अभिलेखों में मिलता है जिसमें उनकी उपाधियाँ भी लिखी हैं। इन अभिलेखों का परीक्षण करने के बाद अभिलेखशास्त्रियों ने पता लगाया कि उनके विषय, शैली, भाषा और पुरालिपिविज्ञान सबमें समानता है, अतः वे इस निष्कर्ष पर पहुँचे कि इन अभिलेखों को एक ही शासक ने बनवाया था।

आपने यह भी देखा होगा कि असोक ने अपने अभिलेखों में कहा है कि उनसे पहले के शासकों ने रिपोर्ट एकत्र करने की व्यवस्था नहीं की थी। यदि असोक से पहले के उपमहाद्वीपीय इतिहास पर विचार करें तो क्या आपको लगता है कि असोक का यह वक्तव्य सही है? इतिहासकारों को बार-बार अभिलेखों में लिखे कथनों का परीक्षण करना पड़ता है ताकि यह पता चल सके जो उनमें लिखा है, वह सत्य है, संभव है या फिर अतिशयोक्तिपूर्ण है।

क्या आपने ध्यान दिया कि कुछ शब्द ब्रैकेट में लिखे हैं? अभिलेख शास्त्री प्रायः वाक्यों के अर्थ स्पष्ट करने के लिए ऐसा करते हैं। यह बड़े ध्यान से करना पड़ता है जिससे कि लेखक का मूल अर्थ बदल न जाए।

इतिहासकारों को और भी परीक्षण करने पड़ते हैं। यदि राजा के आदेश यातायात मार्गों के किनारे और नगरों के पास प्राकृतिक पत्थरों पर उत्कीर्ण थे, तो क्या वहाँ से आने-जाने वाले लोग उन्हें पढ़ने के लिए उस स्थान पर रुकते थे? अधिकांश लोग प्रायः पढ़े-लिखे नहीं थे। क्या

स्रोत 10

राजा के आदेश

राजन् देवानांपिय पियदस्सी यह कहते हैं:

अतीत में मसलों को निपटाने और नियमित रूप से सूचना एकत्र करने की व्यवस्थएँ नहीं थीं। लेकिन मैंने निम्नलिखित (व्यवस्था) की हैं। लोगों के समाचार हम तक *पतिवेदक* सदैव पहुँचाएँ। चाहे मैं कहीं भी हूँ, खाना खा रहा हूँ, अन्तःपुर में हूँ विश्राम कक्ष में हूँ, गोशाले में हूँ, या फिर पालकी में मुझे ले जाया जा रहा हो अथवा वाटिका में हूँ। मैं लोगों के विषयों का निराकरण हर स्थल पर करूँगा।

➲ अभिलेखशास्त्रियों ने *पतिवेदक* शब्द का अर्थ संवाददाता बताया है। आधुनिक संवाददाता की तुलना में *पतिवेदक* के दायित्व कितने भिन्न रहे होंगे?

चित्र 2.12
हिंद-यूनानी शासक मेनाण्डर का एक सिक्का

स्रोत 11

राजा की वेदना

जब देवानांपिय पियदस्सी ने अपने शासन के आठ वर्ष पूरे किए तो उन्होंने कलिंग (आधुनिक तटवर्ती उड़ीसा) पर विजय प्राप्त की।

डेढ़ लाख पुरुषों को निष्कासित किया गया; एक लाख मारे गए और इससे भी ज़्यादा की मृत्यु हुई।

कलिंग पर शासन स्थापित करने के बाद देवानांपिय धम्म के गहन अध्ययन, धम्म के स्नेह और धम्म के उपदेश में डूब गए हैं।

यही देवानांपिय के लिए कलिंग की विजय का पश्चाताप है।

देवानांपिय के लिए यह बहुत वेदनादायी और निंदनीय है कि जब कोई किसी राज्य पर विजय प्राप्त करता है तो पराजित राज्य का हनन होता है, वहाँ लोग मारे जाते हैं, निष्कासित किए जाते हैं।

चर्चा कीजिए...

मानचित्र 2 देखिए और असोक के अभिलेख के प्राप्ति स्थान की चर्चा कीजिए। क्या उनमें कोई एक-सा प्रारूप दिखता है?

पाटलिपुत्र में प्रयुक्त प्राकृत उपमहाद्वीप में सभी स्थानों पर लोग समझते थे? क्या राजा के आदेशों का पालन किया जाता था? इन प्रश्नों के उत्तर पाना सदैव आसान नहीं हैं।

इनमें से कुछ समस्याओं के प्रमाण हमें असोक के अभिलेख में मिलते हैं (स्रोत 11) जिसकी व्याख्या प्रायः असोक की वेदना के प्रतिबिंब के रूप में की जाती है। साथ ही यह युद्ध के प्रति उनकी मनोवृत्ति में परिवर्तन को भी दर्शाता है। जैसा कि हम आगे पढ़ेंगे, यदि हम अभिलेख के शाब्दिक अर्थ के परे समझने का प्रयास करते हैं तो परिस्थिति और भी जटिल हो जाती है।

यद्यपि असोक के अभिलेख आधुनिक उड़ीसा से प्राप्त हुए हैं लेकिन उनकी वेदना को परिलक्षित करने वाला अभिलेख वहाँ नहीं मिला है अर्थात् यह अभिलेख उस क्षेत्र में नहीं उपलब्ध है जिस पर विजय प्राप्त की गई थी। इसका हम क्या अर्थ लगाएँ? क्या राजा की नव विजय की वेदना उस क्षेत्र के लिए इतनी दर्दनाक थी कि राजा इस मुद्दे पर कुछ कह न सका।

8. अभिलेख साक्ष्य की सीमा

अब आपको यह पता चल गया होगा कि अभिलेखों से प्राप्त जानकारी की भी सीमा होती है। कभी-कभी इसकी तकनीकी सीमा होती है: अक्षरों को हलके ढंग से उत्कीर्ण किया जाता है जिन्हें पढ़ पाना मुश्किल होता है। साथ ही, अभिलेख नष्ट भी हो सकते हैं जिनसे अक्षर लुप्त हो जाते हैं। इसके अलावा अभिलेखों के शब्दों के वास्तविक अर्थ के बारे में पूर्ण रूप से ज्ञान हो पाना सदैव सरल नहीं होता क्योंकि कुछ अर्थ किसी विशेष स्थान या समय से संबंधित होते हैं। यदि आप अभिलेख के शोधपत्रों को पढ़ें (इसमें से कुछ का उल्लेख काल रेखा 2 में किया गया है) तो आप पाएँगे कि विद्वान इनके पढ़ने की वैकल्पिक विधियों पर चर्चा करते रहते हैं।

यद्यपि कई हज़ार अभिलेख प्राप्त हुए हैं लेकिन सभी के अर्थ नहीं निकाले जा सके हैं या प्रकाशित किए गए हैं या उनके अनुवाद किए गए हैं। इनके अतिरिक्त और अनेक अभिलेख रहे होंगे जो कालांतर में सुरक्षित नहीं बचे हैं। इसलिए जो अभिलेख अभी उपलब्ध हैं, वह संभवतः कुल अभिलेखों के अंश मात्र हैं।

इसके अतिरिक्त एक और मौलिक समस्या है। यह ज़रूरी नहीं है कि जिसे हम आज राजनीतिक और आर्थिक रूप से महत्वपूर्ण मानते हैं उन्हें अभिलेखों में अंकित किया ही गया हो। उदाहरण के तौर पर, खेती की दैनिक प्रक्रियाएँ और रोज़मर्रा की ज़िंदगी के सुख-दुख का उल्लेख अभिलेखों में नहीं मिलता है क्योंकि प्रायः अभिलेख बड़े और विशेष

अवसरों का वर्णन करते हैं। इसके अलावा अभिलेख हमेशा उन्हीं व्यक्तियों के विचार व्यक्त करते हैं जो उन्हें बनवाते थे। इसलिए इन अभिलेखों में व्यक्त विचारों की समीक्षा अन्य विचारों के परिप्रेक्ष्य में करनी होगी ताकि अपने अतीत का बेहतर ज्ञान हो सके।

अर्थात् राजनीतिक और आर्थिक इतिहास का पूर्ण ज्ञान मात्र अभिलेख शास्त्र से ही नहीं मिलता है। साथ ही इतिहासकार प्रायः प्राचीन और अर्वाचीन दोनों प्रकार के प्रमाणों पर आशंका व्यक्त करते हैं। उन्नीसवीं सदी के आखिरी दशकों में और बीसवीं सदी के प्रारंभ में इतिहासकार प्रमुख रूप से राजाओं के इतिहास में रुचि रखते थे। बीसवीं सदी के मध्य से आर्थिक परिवर्तन, विभिन्न सामाजिक समुदायों के उदय के विषय में महत्वपूर्ण बन गए। हाल के दशकों में ऐसे समुदायों के प्रति इतिहासकारों की रुचि बढ़ी है जो सामाजिक हाशिए पर रहे हैं। इससे संभवतः प्राचीन स्रोतों पर पुनर्विचार किया जाएगा और विश्लेषण की नयी विधियाँ विकसित होंगी।

चित्र 2.13
कर्नाटक से प्राप्त एक ताम्रपत्र लेख; लगभग छठी शताब्दी ई.

काल रेखा 1
प्रमुख राजनीतिक और आर्थिक विकास

लगभग 600-500 ई.पू.	धान की रोपाई; गंगा घाटी में नगरीकरण; महाजनपद; आहत सिक्के
लगभग 500-400 ई.पू.	मगध के शासकों की सत्ता पर पकड़
लगभग 327-325 ई.पू.	सिकंदर का आक्रमण
लगभग 321 ई.पू.	चंद्रगुप्त मौर्य का राज्यारोहण
लगभग 272/268-231 ई.पू.	असोक का शासन
लगभग 185 ई.पू.	मौर्य साम्राज्य का अंत
लगभग 200-100 ई.पू.	पश्चिमोत्तर में शक शासन; दक्षिण भारत में चोल, चेर व पांड्य; दक्कन में सातवाहन
लगभग 100 ई.पू.-200 ई. तक	पश्चिमोत्तर के शक (मध्य एशिया के लोग) शासक; रोमन व्यापार; सोने के सिक्के
लगभग 78 ई.	कनिष्क का राज्यारोहण
लगभग 100-200 ई.	सातवाहन और शक शासकों द्वारा भूमिदान के अभिलेखीय प्रमाण
लगभग 320 ई.	गुप्त शासन का आरंभ
लगभग 335-375 ई.	समुद्रगुप्त
लगभग 375-415 ई.	चंद्रगुप्त द्वितीय; दक्कन में वाकाटक
लगभग 500-600 ई.	कर्नाटक में चालुक्यों का उदय और तमिलनाडु में पल्लवों का उदय
लगभग 606-647 ई.	कन्नौज के राजा हर्षवर्धन; चीनी यात्री श्वैन त्सांग की यात्रा
लगभग 712	अरबों की सिंध पर विजय

(नोट: आर्थिक विकास का शुद्ध कालनिर्धारण आसान नहीं है। साथ ही उपमहाद्वीप में अनेक भिन्नताएँ हैं जिन्हें काल रेखा में इंगित नहीं किया गया है। विशेष विकास के विशिष्ट काल का उल्लेख किया गया है। कनिष्क के राज्यारोहण की तिथि निश्चित नहीं है अत: राज्यारोहण की तिथि के साथ प्रश्नवाचक चिह्न लगाया गया है।)

काल रेखा 2
अभिलेखशास्त्र के क्षेत्र में महत्वपूर्ण प्रगति

अट्ठारहवीं शताब्दी	
1784	बंगाल एशियाटिक सोसाइटी का गठन
उन्नीसवीं शताब्दी	
1810 का दशक	कोलिन मैकेंज़ी ने संस्कृत और तमिल भाषा के 8,000 अभिलेख एकत्र किए
1838	जेम्स प्रिंसेप द्वारा असोक के ब्राह्मी अभिलेखों का अर्थ लगाना
1877	अलेक्ज़ैंडर कनिंघम ने असोक के अभिलेखों के एक अंश को प्रकाशित किया
1886	दक्षिण भारत के अभिलेखों के शोधपत्र *एपिग्राफ़िआ कर्नाटिका* का प्रथम अंक
1888	*एपिग्राफ़िआ इंडिका* का प्रथम अंक
बीसवीं शताब्दी	
1965-66	डी.सी. सरकार ने *इंडियन एपिग्राफ़ी* एंड *इंडियन एपिग्राफ़िकल ग्लोसरी* प्रकाशित की

उत्तर दीजिए (लगभग 100 से 150 शब्दों में)

1. आरंभिक ऐतिहासिक नगरों में शिल्पकला के उत्पादन के प्रमाणों की चर्चा कीजिए। हड़प्पा के नगरों के प्रमाण से ये प्रमाण कितने भिन्न हैं?
2. महाजनपदों के विशिष्ट अभिलक्षणों का वर्णन कीजिए।
3. सामान्य लोगों के जीवन का पुनर्निर्माण इतिहासकार कैसे करते हैं?
4. पांड्य सरदार (स्रोत 3) को दी जाने वाली वस्तुओं की तुलना दंगुन गाँव (स्रोत 8) की वस्तुओं से कीजिए। आपको क्या समानताएँ और असमानताएँ दिखाई देती हैं?
5. अभिलेखशास्त्रियों की कुछ समस्याओं की सूची बनाइए।

निम्नलिखित पर एक लघु निबंध लिखिए (लगभग 500 शब्दों में)

6. मौर्य प्रशासन के प्रमुख अभिलक्षणों की चर्चा कीजिए। असोक के अभिलेखों में इनमें से कौन-कौन से तत्वों के प्रमाण मिलते हैं?

7. यह बीसवीं शताब्दी के एक सुविख्यात अभिलेखशास्त्री, डी.सी. सरकार का वक्तव्य है: भारतीयों के जीवन, संस्कृति, और गतिविधियों का ऐसा कोई पक्ष नहीं है जिसका प्रतिबिंब अभिलेखों में नहीं है: चर्चा कीजिए।

8. उत्तर-मौर्य काल में विकसित राजत्व के विचारों की चर्चा कीजिए।

9. वर्णित काल में कृषि के तौर-तरीकों में किस हद तक परिवर्तन हुए?

मानचित्र कार्य

10. मानचित्र 1 और 2 की तुलना कीजिए और उन महाजनपदों की सूची बनाइए जो मौर्य साम्राज्य में शामिल रहे होंगे। क्या इस क्षेत्र में असोक के कोई अभिलेख मिले हैं?

परियोजना कार्य (कोई एक)

11. एक महीने के अखबार एकत्रित कीजिए। सरकारी अधिकारियों द्वारा सार्वजनिक कार्यों के बारे में दिए गए वक्तव्यों को काटकर एकत्रित कीजिए। समीक्षा कीजिए कि इन परियोजनाओं के लिए आवश्यक संसाधनों के बारे में खबरों में क्या लिखा है। संसाधनों को किस प्रकार से एकत्र किया जाता है और परियोजनाओं का उद्देश्य क्या है। इन वक्तव्यों को कौन जारी करता है और उन्हें क्यों और कैसे प्रसारित किया जाता है? इस अध्याय में चर्चित अभिलेखों के साक्ष्यों से इनकी तुलना कीजिए। आप इनमें क्या समानताएँ और असमानताएँ पाते हैं?

12. आज प्रचलित पाँच विभिन्न नोटों और सिक्कों को इकट्ठा कीजिए। इनके दोनों ओर आप जो देखते हैं उनका वर्णन कीजिए। इन पर बने चित्रों, लिपियों और भाषाओं, माप, आकार या अन्य समानताओं और असमानताओं के बारे में एक रिपोर्ट तैयार कीजिए। इस अध्याय में दर्शित सिक्कों में प्रयुक्त सामग्रियों, तकनीकों, प्रतीकों, उनके महत्त्व और सिक्कों के संभावित कार्य की चर्चा करते हुए इनकी तुलना कीजिए।

यदि आप और जानकारी चाहते हैं तो इन्हें पढ़िए :

डी.एन. झा, 2004
अर्ली इंडिया: ए कॉनसाइज़ हिस्ट्री,
मनोहर, नयी दिल्ली।

आर.सालोमन, 1998
इंडियन एपिग्राफ़ी, मुंशीराम मनोहरलाल पब्लिशर्स प्राइवेट लिमिटेड, नयी दिल्ली।

आर.एस. शर्मा, 1983
मैटीरियल कल्चर एंड सोशल फॉर्मेशन इन अर्ली इंडिया,
मैकमिलन, नयी दिल्ली।

डी.सी. सरकार, 1975
इंस्क्रिप्शंस ऑफ़ असोक,
पब्लिकेशन डिवीजन, मिनिस्ट्री ऑफ़ इंफ़ार्मेशन एंड ब्राडकॉस्टिंग, गवर्नमेंट ऑफ़ इंडिया, नयी दिल्ली।

रोमिला थापर, 1997
असोक एंड द डेक्लाइन ऑफ़ दि मौर्याज़,
ऑक्सफोर्ड यूनिवर्सिटी प्रेस,
नयी दिल्ली।

अधिक जानकारी के लिए आप निम्नलिखित वेबसाइट देख सकते हैं
http:/projectsouthasia.sdstate.edu/Docs/index.html

विषय
तीन

बंधुत्व, जाति तथा वर्ग
आरंभिक समाज
(लगभग 600 ई.पू. से 600 ईसवी)

12095CH03

पिछले अध्याय में हमने पढ़ा कि लगभग 600 ई.पू. से 600 ईसवी तक के मध्य आर्थिक और राजनीतिक जीवन में अनेक परिवर्तन हुए। इनमें से कुछ परिवर्तनों ने समकालीन समाज पर अपना प्रभाव छोड़ा। उदाहरणत: वन क्षेत्रों में कृषि का विस्तार हुआ जिससे वहाँ रहने वाले लोगों की जीवनशैली में परिवर्तन हुआ; शिल्प विशेषज्ञों के एक विशिष्ट सामाजिक समूह का उदय हुआ; तथा संपत्ति के असमान वितरण ने सामाजिक विषमताओं को अधिक प्रखर बनाया।

इतिहासकार इन सब प्रक्रियाओं को समझने के लिए प्राय: साहित्यिक परंपराओं का उपयोग करते हैं। कुछ ग्रंथ सामाजिक व्यवहार के मानदंड तय करते थे। अन्य ग्रंथ समाज का चित्रण करते थे और कभी-कभी समाज में मौजूद विभिन्न रिवाज़ों पर अपनी टिप्पणी भी प्रस्तुत करते थे। अभिलेखों से हमें समाज के कुछ ऐतिहासिक अभिनायकों की झलक मिलती है। हम देखेंगे कि प्रत्येक ग्रंथ (और अभिलेख) किसी समुदाय विशेष के दृष्टिकोण से लिखा जाता था। अत: यह याद रखना ज़रूरी हो जाता है कि ये ग्रंथ *किसने* लिखे, *क्या* लिखा गया और *किनके* लिए इनकी रचना हुई। इस बात पर भी ध्यान देना ज़रूरी है कि इन ग्रंथों की रचना में किस भाषा का प्रयोग हुआ तथा इनका प्रचार-प्रसार किस तरह हुआ। यदि हम इन ग्रंथों का प्रयोग सावधानी से करें तो समाज में प्रचलित आचार-व्यवहार और रिवाज़ों का इतिहास लिखा जा सकता है।

चित्र 3.1
महाभारत का एक दृश्य, *मृण्मयी मूर्तिकला (पश्चिम बंगाल) (लगभग सत्रहवीं शताब्दी)*

उपमहाद्वीप के सबसे समृद्ध ग्रंथों में से एक महाभारत का विश्लेषण करते हुए हम अपना ध्यान एक ऐसे विशाल महाकाव्य पर केंद्रित कर रहे हैं जो अपने वर्तमान रूप में एक लाख श्लोकों से अधिक है और विभिन्न सामाजिक श्रेणियों व परिस्थितियों का लेखा-जोखा है। इस ग्रंथ की रचना एक हज़ार वर्ष तक होती रही (लगभग 500 ई.पू. से)। इसमें निहित कुछ कथाएँ तो इस काल से पहले भी प्रचलित थीं। महाभारत की मुख्य कथा दो परिवारों के बीच हुए युद्ध का चित्रण है। इस ग्रंथ के कुछ भाग विभिन्न सामाजिक समुदायों के आचार-व्यवहार के मानदंड तय करते हैं। यदा-कदा (किंतु हमेशा नहीं) इस ग्रंथ के मुख्य पात्र इन सामाजिक मानदंडों का अनुसरण करते हुए दिखाई पड़ते हैं। मानदंडों का अनुसरण व उनकी अवहेलना क्या इंगित करती है?

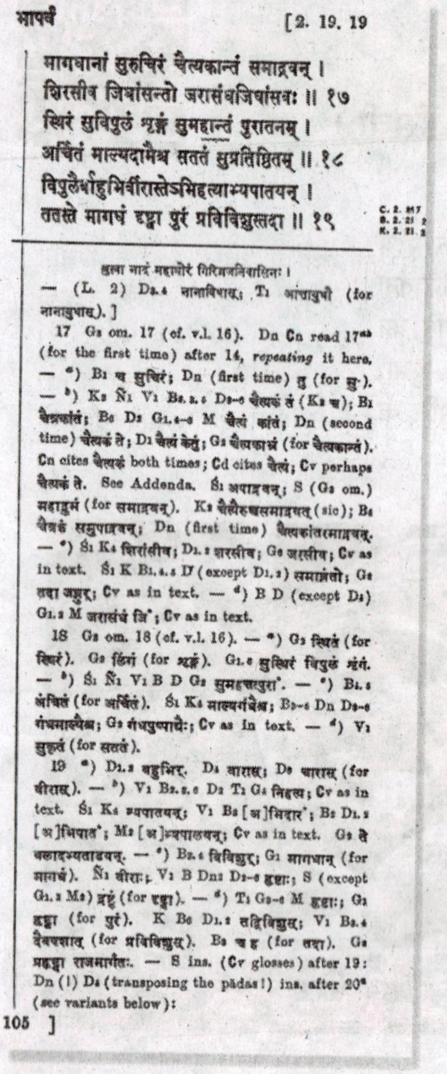

सभापर्व [2. 19. 19

मागधानां सुरुचिरं चैत्यकान्तं समाद्रवन् ।
शिरसीव जिघांसन्तो जरासंधजिघांसवः ॥ १७
स्थिरं सुविपुलं शृङ्गं सुमहान्तं पुरातनम् ।
अर्चितं माल्यदामैश्च सततं सुप्रतिष्ठितम् ॥ १८
विपुलैर्बाहुभिर्वीरास्तेऽभिहत्याभ्यपातयन् ।
ततस्ते मागधं दृष्ट्वा पुरं प्रविविशुस्तदा ॥ १९ C. 2. 817 B. 2. 21 K. 2. 21

श्रुत्वा नार्दं महाघोरं गिरिव्रजनिवासिनः ।
— (L. 2) $D_{3.4}$ नानाविधाय; T_1 आंपायुधी (for नानायुधाय).]

17 G_3 om. 17 (cf. v.l. 16). Dn Cn read 17^{ab} (for the first time) after 14, *repeating* it here. — a) B_1 च सुषिरं; Dn (first time) तु (for सु). — b) K_3 $Ñ_1$ V_1 $B_{2.3.6}$ D_{3-6} चैत्यकं तं (K_3 च); B_1 चैत्रकांतं; B_5 D_2 $G_{1.4-6}$ M चैत्यं कांतं; Dn (second time) चैत्यकं ते; D_1 चैत्यं केतुं; G_2 चैत्यकाग्रं (for चैत्यकान्तं). Cn cites चैत्यकं both times; Cd cites चैत्यं; Cv perhaps चैत्यकं ते. See Addenda. $Ś_1$ अपाद्रवन्; S (G_3 om.) महाद्रुमं (for समाद्रवन्). K_3 चैत्यैरुपासमाद्रयत् (sic); B_4 चैत्रकं समुपाद्रवन्; Dn (first time) चैत्यकांतमाद्रवन्. — c) $Ś_1$ K_4 शिरांसीव; $D_{1.2}$ शरसीव; G_6 जरसीव; Cv as in text. $Ś_1$ K $B_{1.4.5}$ D (except $D_{1.2}$) समाक्रांतो; G_4 तदा अक्षुर; Cv as in text. — d) B D (except D_2) $G_{1.2}$ M जरासंधं जि°; Cv as in text.

18 G_3 om. 18 (cf. v.l. 16). — a) G_3 स्थितं (for स्थिरं). G_2 छिन्नं (for शृङ्गं). $G_{1.6}$ सुस्थिरं विपुलं शृंगं. — b) $Ś_1$ $Ñ_1$ V_1 B D G_2 सुमहच्चपुरा°. — c) $B_{1.3}$ अंचितं (for अर्चितं). $Ś_1$ K_4 माल्यगंधैश्च; B_{2-4} Dn D_{3-6} गंधमाल्यैश्च; G_2 गंधपुष्पाद्यैः; Cv as in text. — d) V_1 सुकृतं (for सततं).

19 a) $D_{1.2}$ बहुभिर्. D_4 वाराख; D_6 धारास् (for वीरास्). — b) V_1 $B_{2.3.6}$ D_2 T_1 G_4 निहत्य; Cv as in text. $Ś_1$ K_4 भ्यपातयन्; V_1 B_3 [अ]भिदार°; B_2 $D_{1.2}$ [अ]भिपात°; M_2 [अ]भ्यपालयन्; Cv as in text. G_3 ते बलादभ्यताडयन्. — c) $B_{2.4}$ विविशुर; G_1 मागधान् (for मागधं). $Ñ_1$ वीराः; V_1 B Dn_2 D_{2-6} हृष्टाः; S (except $G_{1.2}$ M_2) द्रष्टुं (for दृष्ट्वा). — d) T_1 G_{3-6} M हृष्टाः; G_1 हृष्टा (for पुरं). K B_6 $D_{1.2}$ तद्विविशुस्; V_1 $B_{2.4}$ दैवपसाद् (for प्रविविशुस्). B_3 च ह (for तदा). G_4 महद्धा राजमार्गतः. — S ins. (Cv glosses) after 19: Dn (!) D_4 (transposing the pādas!) ins. after 20^a (see variants below):

105]

चित्र 3.2

समालोचनात्मक संस्करण के एक पृष्ठ का अंश

बड़े मोटे अक्षरों में प्रकाशित अंश मुख्य पाठ का हिस्सा है। छोटा मुद्रण विभिन्न पांडुलिपियों में पाए गए पाठभेदों को दर्शाता है जिन्हें ध्यानपूर्वक तालिकाबद्ध किया गया था।

1. महाभारत का समालोचनात्मक संस्करण

1919 में प्रसिद्ध संस्कृत विद्वान वी.एस. सुकथांकर के नेतृत्व में एक अत्यंत महत्त्वाकांक्षी परियोजना की शुरुआत हुई। अनेक विद्वानों ने मिलकर महाभारत का समालोचनात्मक संस्करण तैयार करने का ज़िम्मा उठाया। इससे जुड़े क्या-क्या कार्य थे? आरंभ में देश के विभिन्न भागों से विभिन्न लिपियों में लिखी गई महाभारत की संस्कृत पांडुलिपियों को एकत्रित किया गया।

परियोजना पर काम करने वाले विद्वानों ने सभी पांडुलिपियों में पाए जाने वाले श्लोकों की तुलना करने का एक तरीका ढूँढ़ निकाला। अंततः उन्होंने उन श्लोकों का चयन किया जो लगभग सभी पांडुलिपियों में पाए गए थे और उनका प्रकाशन 13,000 पृष्ठों में फैले अनेक ग्रंथ खंडों में किया। इस परियोजना को पूरा करने में सैंतालीस वर्ष लगे। इस पूरी प्रक्रिया में दो बातें विशेष रूप से उभर कर आईं : पहली, संस्कृत के कई पाठों के अनेक अंशों में समानता थी। यह इस बात से ही स्पष्ट होता है कि समूचे उपमहाद्वीप में उत्तर में कश्मीर और नेपाल से लेकर दक्षिण में केरल और तमिलनाडु तक सभी पांडुलिपियों में यह समानता देखने में आई। दूसरी बात जो स्पष्ट हुई, वह यह थी कि कुछ शताब्दियों के दौरान हुए महाभारत के प्रेषण में अनेक क्षेत्रीय प्रभेद भी उभर कर सामने आए। इन प्रभेदों का संकलन मुख्य पाठ की पादटिप्पणियों और परिशिष्टों के रूप में किया गया। 13,000 पृष्ठों में से आधे से भी अधिक इन प्रभेदों का ब्योरा देते हैं।

एक तरह से देखा जाए तो ये प्रभेद उन गूढ़ प्रक्रियाओं के द्योतक हैं जिन्होंने प्रभावशाली परंपराओं और लचीले स्थानीय विचार और आचरण के बीच संवाद कायम करके सामाजिक इतिहासों को रूप दिया था। यह संवाद द्वंद्व और मतैक्य दोनों को ही चित्रित करते हैं।

इन सभी प्रक्रियाओं के बारे में हमारी समझ मुख्यतः उन ग्रंथों पर आधारित है जो संस्कृत में ब्राह्मणों द्वारा उन्हीं के लिए लिखे गए। उन्नीसवीं और बीसवीं शताब्दी में इतिहासकारों ने पहली बार सामाजिक इतिहास के मुद्दों का अनुशीलन करते समय इन ग्रंथों को सतही तौर पर समझा–उनका विश्वास था कि इन ग्रंथों में जो कुछ भी लिखा गया है वास्तव में उसी तरह से उसे व्यवहार में लाया जाता होगा। कालांतर में विद्वानों ने पालि, प्राकृत और तमिल ग्रंथों के माध्यम से अन्य परंपराओं का अध्ययन किया। इन अध्ययनों से यह स्पष्ट हुआ कि आदर्शमूलक संस्कृत ग्रंथ आमतौर से आधिकारिक माने जाते थे, किंतु इन आदर्शों को प्रश्नवाचक दृष्टि से भी देखा जाता था और यदा-कदा इनकी अवहेलना भी की जाती थी। जब हम इतिहासकारों द्वारा सामाजिक इतिहासों के पुनर्निर्माण की व्याख्या करते हैं तब हमें इस बात को ध्यान में रखना होगा।

2. बंधुता एवं विवाह
अनेक नियम और व्यवहार की विभिन्नता

2.1 परिवारों के बारे में जानकारी

हम बहुधा पारिवारिक जीवन को सहज ही स्वीकार कर लेते हैं। किंतु आपने देखा होगा कि सभी परिवार एक जैसे नहीं होते : पारिवारिक जनों की गिनती, एक दूसरे से उनका रिश्ता और उनके क्रियाकलापों में भी भिन्नता होती है। कई बार एक ही परिवार के लोग भोजन और अन्य संसाधनों का आपस में मिल-बाँटकर इस्तेमाल करते हैं, एक साथ रहते और काम करते हैं और अनुष्ठानों को साथ ही संपादित करते हैं। परिवार एक बड़े समूह का हिस्सा होते हैं जिन्हें हम संबंधी कहते हैं। तकनीकी भाषा का इस्तेमाल करें तो हम संबंधियों को *जाति समूह* कह सकते हैं। पारिवारिक रिश्ते 'नैसर्गिक' और रक्त संबद्ध माने जाते हैं किंतु इन संबंधों की परिभाषा अलग-अलग तरीके से की जाती है। कुछ समाजों में भाई-बहन (चचेरे, मौसेरे आदि) से खून का रिश्ता माना जाता है किंतु अन्य समाज ऐसा नहीं मानते।

परिवार और बंधुता के लिए प्रयुक्त शब्द

संस्कृत ग्रंथों में 'कुल' शब्द का प्रयोग परिवार के लिए और 'जाति' का बांधवों के बड़े समूह के लिए होता है। पीढ़ी-दर-पीढ़ी किसी भी कुल के पूर्वज इकट्ठे रूप में एक ही वंश के माने जाते हैं।

आरंभिक समाजों के संदर्भ में इतिहासकारों को विशिष्ट परिवारों के बारे में जानकारी आसानी से मिल जाती है किंतु सामान्य लोगों के पारिवारिक संबंधों को पुनर्निर्मित करना मुश्किल हो जाता है। इतिहासकार परिवार और बंधुता संबंधी *विचारों* का भी विश्लेषण करते हैं। इनका अध्ययन इसलिए महत्वपूर्ण है क्योंकि इससे लोगों की सोच का पता चलता है। संभवत: इन विचारों ने लोगों के क्रियाकलापों को प्रभावित किया होगा। इसी तरह व्यवहार ने विचारों पर भी असर डाला होगा।

2.2 पितृवंशिक व्यवस्था के आदर्श

क्या हम उन बिंदुओं को निर्दिष्ट कर सकते हैं जब बंधुता के रिश्तों में परिवर्तन आया? एक स्तर पर महाभारत इसी की कहानी है। यह बांधवों के दो दलों–कौरव और पांडव–के बीच भूमि और सत्ता को लेकर हुए संघर्ष का चित्रण करती है। दोनों ही दल कुरु वंश से संबंधित थे जिनका एक जनपद (अध्याय 2 मानचित्र 1) पर शासन था। यह संघर्ष एक युद्ध में परिणत हुआ जिसमें पांडव विजयी हुए। इनके उपरांत पितृवंशिक उत्तराधिकार को उद्घोषित किया गया। हालाँकि पितृवंशिकता महाकाव्य की रचना से पहले भी मौजूद थी, महाभारत की मुख्य कथावस्तु ने इस आदर्श को और सुदृढ़ किया। पितृवंशिकता में पुत्र पिता की मृत्यु के बाद उनके संसाधनों पर (राजाओं के संदर्भ में सिंहासन भी) अधिकार जमा सकते थे।

पितृवंशिकता का अर्थ है वह वंश परंपरा जो पिता के पुत्र फिर पौत्र, प्रपौत्र आदि से चलती है।
मातृवंशिकता शब्द का इस्तेमाल हम तब करते हैं जहाँ वंश परंपरा माँ से जुड़ी होती है।

अधिकतर राजवंश (लगभग छठी शताब्दी ई.पू. से) पितृवंशिकता प्रणाली का अनुसरण करते थे। हालाँकि इस प्रथा में विभिन्नता थी :

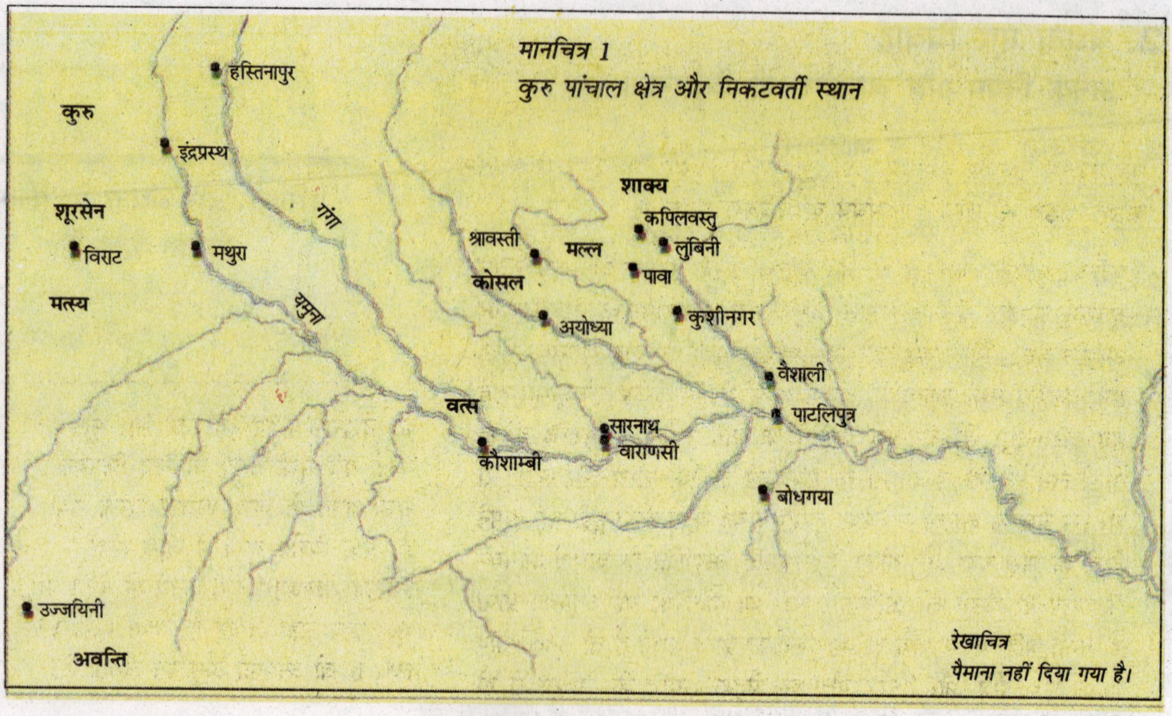

कभी पुत्र के न होने पर एक भाई दूसरे का उत्तराधिकारी हो जाता था तो कभी बंधु-बांधव सिंहासन पर अपना अधिकार जमाते थे। कुछ विशिष्ट परिस्थितियों में स्त्रियाँ जैसे प्रभावती गुप्त (अध्याय 2) सत्ता का उपभोग करती थीं।

पितृवंशिकता के प्रति झुकाव शासक परिवारों के लिए कोई अनूठी बात नहीं थी। ऋग्वेद जैसे कर्मकांडीय ग्रंथ के मंत्रों से भी यह बात स्पष्ट होती है। यह संभव है कि धनी वर्ग के पुरुष और ब्राह्मण भी ऐसा ही दृष्टिकोण रखते थे।

स्रोत 1

'उत्तम पुत्रों' का प्रजनन

यहाँ ऋग्वेद से एक मंत्र का अंश उद्धृत है जो इस ग्रंथ में संभवत: लगभग 1000 ई.पू. में जोड़ा गया था। विवाह संस्कार के दौरान यह मंत्र पुरोहित द्वारा पढ़ा जाता था। आज भी अनेक हिंदू विवाह संस्कारों में इसका प्रयोग होता है :

मैं इसे यहाँ से मुक्त करता हूँ किंतु वहाँ से नहीं। मैंने इसे वहाँ मज़बूती से स्थापित किया है जिससे इंद्र के अनुग्रह से इसके उत्तम पुत्र हों और पति के प्रेम का सौभाग्य इसे प्राप्त हो।

इंद्र शौर्य, युद्ध और वर्षा के एक प्रमुख देवता थे। 'यहाँ' और 'वहाँ' से तात्पर्य पिता और पति के गृह से है।

➲ इस मंत्र के संदर्भ में, विवाह का वधू और वर के लिए क्या अभिप्राय है? इसकी चर्चा कीजिए। क्या ये अभिप्राय समान हैं या फिर इनमें भिन्नताएँ हैं?

स्रोत 2

स्वजन के मध्य लड़ाई क्यों हुई?

यह उद्धरण संस्कृत महाभारत के *आदिपर्वन्* (प्रथम अध्याय) से है और कौरव पांडव के बीच हुए संघर्ष का चित्रण करता है:

कौरव...धृतराष्ट्र के पुत्र थे और पांडव उनके बांधव जन थे। चूँकि धृतराष्ट्र नेत्रहीन थे अतः उनके अनुज पांडु हस्तिनापुर के सिंहासन पर आसीन हुए... किंतु पांडु की असामयिक मृत्यु के बाद धृतराष्ट्र राजा बने, क्योंकि सभी राजकुमार अल्पवयस्क थे। जैसे-जैसे राजकुमार बड़े हुए हस्तिनापुर के नागरिक पांडवों के प्रति अपनी अभिरुचि व्यक्त करने लगे क्योंकि वे कौरवों के मुकाबले अधिक योग्य और सदाचारी थे। इस बात से कौरवों में ज्येष्ठ, दुर्योधन को बहुत ईर्ष्या हुई। वह अपने पिता के पास गया और बोला, "हे भूपति, अपूर्णता के कारण आपको सिंहासन पर बैठने का अधिकार नहीं था हालाँकि यह आपको प्राप्त हो गया। यदि पांडव पांडु से यह विरासत प्राप्त करते हैं तो उनके बाद उनके पुत्र, पौत्र और फिर प्रपौत्र इस पैतृक संपत्ति के अधिकारी हो जाएँगे और हम तथा हमारे पुत्र इस राज्य के उत्तराधिकार से बेदखल होकर संसार में क्षुद्र समझे जाएँगे।"

इस तरह के उद्धरण अक्षरशः सत्य न भी हों तो भी वे इस बात का अनुमान करा देते हैं कि जिन लोगों ने यह ग्रंथ लिखा वे क्या सोचते थे। कभी-कभी, जैसे यहाँ, प्रकरणों में परस्पर विरोधी विचार मिलते हैं।

➲ उद्धरण पढ़िए और उन सारे मूल तत्वों की सूची तैयार कीजिए जिनका राजा बनने के लिए प्रस्ताव किया गया है। एक विशेष कुल में जन्म लेना कितना महत्वपूर्ण था? इनमें से कौन-सा मूल तत्व सही लगता है? क्या ऐसा कोई तत्व है जो आपको अनुचित लगता है?

2.3 विवाह के नियम

जहाँ पितृवंश को आगे बढ़ाने के लिए पुत्र महत्वपूर्ण थे वहाँ इस व्यवस्था में पुत्रियों को अलग तरह से देखा जाता था। पैतृक संसाधनों पर उनका कोई अधिकार नहीं था। अपने गोत्र से बाहर उनका विवाह कर देना ही अपेक्षित था। इस प्रथा को बहिर्विवाह पद्धति कहते हैं और इसका तात्पर्य यह था कि ऊँची प्रतिष्ठा वाले परिवारों की कम उम्र की कन्याओं और स्त्रियों का जीवन बहुत सावधानी से नियमित किया जाता था जिससे 'उचित' समय और 'उचित' व्यक्ति से उनका विवाह किया जा सके। इसका प्रभाव यह हुआ कि कन्यादान अर्थात् विवाह में कन्या की भेंट को पिता का महत्वपूर्ण धार्मिक कर्तव्य माना गया।

नए नगरों के उद्भव से (अध्याय 2) सामाजिक जीवन अधिक जटिल हुआ। यहाँ पर निकट और दूर से आकर लोग मिलते थे और वस्तुओं की खरीद-फ़रोख्त के साथ ही इस नगरीय परिवेश में विचारों

विवाह के प्रकार

अंतर्विवाह में वैवाहिक संबंध समूह के मध्य ही होते हैं। यह समूह एक गोत्र कुल अथवा एक जाति या फिर एक ही स्थान पर बसने वालों का हो सकता है।

बहिर्विवाह गोत्र से बाहर विवाह करने को कहते हैं।

बहुपत्नी प्रथा एक पुरुष की अनेक पत्नियाँ होने की सामाजिक परिपाटी है।

बहुपति प्रथा एक स्त्री के अनेक पति होने की पद्धति है।

स्रोत 3

विवाह के आठ प्रकार

यहाँ *मनुस्मृति* से पहली, चौथी, पाँचवीं और छठी विवाह पद्धति का उद्धरण दिया जा रहा है :

पहली : कन्या का दान, बहुमूल्य वस्त्रों और अलंकारों से विभूषित कर उसे वेदज्ञ वर को दान दिया जाए जिसे पिता ने स्वयं आमंत्रित किया हो।

चौथी : पिता वर-वधू युगल को यह कहकर संबोधित करता है कि : "तुम साथ मिलकर अपने दायित्वों का पालन करो।" तत्पश्चात वह वर का सम्मान कर उसे कन्या का दान करता है।

पाँचवीं : वर को वधू की प्राप्ति तब होती है जब वह अपनी क्षमता व इच्छानुसार उसके बांधवों को और स्वयं वधू को यथेष्ट धन प्रदान करता है।

छठी : स्त्री और पुरुष के बीच अपनी इच्छा से संयोग... जिसकी उत्पत्ति काम से है...

➲ इनमें से प्रत्येक विवाह पद्धति के विषय में चर्चा कीजिए कि विवाह का निर्णय किसके द्वारा लिया गया था :
(क) वधू
(ख) वर
(ग) वधू का पिता
(घ) वर का पिता
(ङ) अन्य लोग

का भी आदान-प्रदान होता था। संभवतः इस वजह से आरंभिक विश्वासों और व्यवहारों (देखिए अध्याय 4) पर प्रश्नचिह्न लगाए गए। इस चुनौती के जवाब में ब्राह्मणों ने समाज के लिए विस्तृत आचार संहिताएँ तैयार कीं। ब्राह्मणों को इन आचार संहिताओं का विशेष पालन करना होता था किंतु बाकी समाज को भी इसका अनुसरण करना पड़ता था। लगभग 500 ई.पू. से इन मानदंडों का संकलन धर्मसूत्र व धर्मशास्त्र नामक संस्कृत ग्रंथों में किया गया। इसमें सबसे महत्वपूर्ण *मनुस्मृति* थी जिसका संकलन लगभग 200 ई.पू. से 200 ईसवी के बीच हुआ।

हालाँकि इन ग्रंथों के ब्राह्मण लेखकों का यह मानना था कि उनका दृष्टिकोण सार्वभौमिक है और उनके बनाए नियमों का सबके द्वारा पालन होना चाहिए, किंतु वास्तविक सामाजिक संबंध कहीं अधिक जटिल थे। इस बात को भी ध्यान में रखना ज़रूरी है कि उपमहाद्वीप में फैली क्षेत्रीय विभिन्नता और संचार की बाधाओं की वजह से भी ब्राह्मणों का प्रभाव सार्वभौमिक कदापि नहीं था।

दिलचस्प बात यह है कि धर्मसूत्र और धर्मशास्त्र विवाह के आठ प्रकारों को अपनी स्वीकृति देते हैं। इनमें से पहले चार 'उत्तम' माने जाते थे और बाकियों को निंदित माना गया। संभव है कि ये विवाह पद्धतियाँ उन लोगों में प्रचलित थीं जो ब्राह्मणीय नियमों को अस्वीकार करते थे।

2.4 स्त्री का गोत्र

एक ब्राह्मणीय पद्धति जो लगभग 1000 ई.पू. के बाद से प्रचलन में आई, वह लोगों (खासतौर से ब्राह्मणों) को गोत्रों में वर्गीकृत करने की थी। प्रत्येक गोत्र एक वैदिक ऋषि के नाम पर होता था। उस गोत्र के सदस्य ऋषि के वंशज माने जाते थे। गोत्रों के दो नियम महत्वपूर्ण थे : विवाह के पश्चात स्त्रियों को पिता के स्थान पर पति के गोत्र का माना जाता था तथा एक ही गोत्र के सदस्य आपस में विवाह संबंध नहीं रख सकते थे।

क्या इन नियमों का सामान्यतः अनुसरण होता था, इस बात को जानने के लिए हमें स्त्री और पुरुष नामों का विश्लेषण करना पड़ेगा जो कभी-कभी गोत्रों के नाम से उद्धृत होते थे। हमें कुछ नाम सातवाहनों जैसे प्रबल शासकों के वंश से मिलते हैं। इन राजाओं का पश्चिमी भारत और दक्कन के कुछ भागों पर शासन था (लगभग दूसरी शताब्दी ई.पू. से दूसरी शताब्दी ईसवी तक)। सातवाहनों के कई अभिलेख प्राप्त हुए हैं जिनके आधार पर इतिहासकारों ने पारिवारिक और वैवाहिक रिश्तों का खाका तैयार किया है।

स्रोत 4

अभिलेखों से सातवाहन राजाओं के नाम

अभिलेखों से सातवाहन राजाओं की कई पीढ़ियों के नाम प्राप्त हुए हैं। इन सभी नामों में *राजा* की एक जैसी पदवी पर ध्यान दीजिए। इसके अलावा अगले शब्द को भी लक्षित कीजिए जिसका *पुत्त* से अंत होता है। यह एक प्राकृत शब्द है जिसका अर्थ 'पुत्र' है। गोतमी-पुत्त का अर्थ है 'गोतमी का पुत्र'। गोतमी और वसिथि स्त्रीवाची नाम हैं गौतम और वशिष्ठ के। ये दोनों वैदिक ऋषि थे जिनके नाम से गोत्र हैं।

राजा गोतमी-पुत्त सिरी-सातकनि

राजा वसिथि-पुत्त (सामि) सिरि-पुलुमायि

राजा गोतमी-पुत्त सामि-सिरि-यन-सातकनि

राजा मधारि-पुत्त स्वामि-सकसेन

राजा हरिति-पुत्त चत्तरपन-सातकनि

राजा हरिति-पुत्त विनहुकद चतुकुलानम्द-सातकमनि

राजा गोतमी-पुत्त सिरी-विजय-सातकनि

➲ यहाँ कितने गोतमी-पुत्त तथा कितने वसिथि (वैकल्पिक वर्तनी वसथि) पुत्त हैं?

चित्र 3.3
एक सातवाहन राजा तथा उसकी पत्नी
सातवाहन राजाओं की आकृतियाँ बहुधा उन गुफाओं की भित्तियों पर उत्कीर्ण की जाती थीं जिन्हें बौद्ध भिक्षुओं को दान में दिया जाता था। यह मूर्ति लगभग दूसरी शताब्दी ईसा पूर्व की है।

उपनिषद में मातृनाम

बृहदारण्यक उपनिषद में जो आरंभिक उपनिषदों में से एक है (देखिए अध्याय 4) आचार्यों और शिष्यों की उत्तरोत्तर पीढ़ियों की सूची मिलती है, जिसमें से कई लोगों को उनके मातृनामों से निर्दिष्ट किया गया था।

स्रोत 5

माता की सलाह

महाभारत में उल्लेख मिलता है कि जब कौरवों और पांडवों के बीच युद्ध अवश्यंभावी हो गया तो गांधारी ने अपने ज्येष्ठ पुत्र दुर्योधन से युद्ध न करने की विनती की :

शांति की संधि करके तुम अपने पिता, मेरा तथा अपने शुभेच्छुकों का सम्मान करोगे.... विवेकी पुरुष जो अपनी इंद्रियों पर नियंत्रण रखता है वही अपने राज्य की रखवाली करता है। लालच और क्रोध आदमी को लाभ से दूर खदेड़कर ले जाते हैं; इन दोनों शत्रुओं को पराजित कर राजा समस्त पृथ्वी को जीत सकता है... हे पुत्र तुम विवेकी और बीर पांडवों के साथ सानंद इस पृथ्वी का भोग करोगे... युद्ध में कुछ भी शुभ नहीं होता, ना धर्म और अर्थ की प्राप्ति होती है और ना ही प्रसन्नता की; युद्ध के अंत में सफलता मिले यह भी ज़रूरी नहीं... अपने मन को युद्ध में लिप्त मत करो...

दुर्योधन ने माँ की सलाह नहीं मानी, वह युद्ध में लड़ा और हार गया।

➲ क्या यह उद्धरण आपको आरंभिक भारतीय समाज में माँ को किस दृष्टि से देखा जाता था इसका जायज़ा देता है।

➲ **चर्चा कीजिए...**

आजकल बच्चों का नामकरण किस भाँति होता है? क्या ये नाम इस अंश में वर्णित नामों से मिलते-जुलते हैं अथवा भिन्न हैं?

कुछ सातवाहन राजा बहुपत्नी प्रथा (अर्थात् एक से अधिक पत्नी) को मानने वाले थे। सातवाहन राजाओं से विवाह करने वाली रानियों के नामों का विश्लेषण इस तथ्य की ओर इंगित करता है कि उनके नाम गौतम तथा वसिष्ठ गोत्रों से उद्भूत थे जो उनके पिता के गोत्र थे। इससे प्रतीत होता है कि विवाह के बाद भी अपने पति कुल के गोत्र को ग्रहण करने की अपेक्षा, जैसा ब्राह्मणीय व्यवस्था में अपेक्षित था, उन्होंने पिता का गोत्र नाम ही कायम रखा। यह भी पता चलता है कि कुछ रानियाँ एक ही गोत्र से थीं। यह तथ्य बहिर्विवाह पद्धति के नियमों के विरुद्ध था। वस्तुतः यह उदाहरण एक वैकल्पिक प्रथा अंतर्विवाह पद्धति अर्थात् बंधुओं में विवाह संबंध को दर्शाता है जिसका प्रचलन दक्षिण भारत के कई समुदायों में (भी) है। बांधवों (ममेरे, चचेरे इत्यादि भाई-बहन) के साथ जोड़े गए विवाह संबंधों की वजह से एक सुगठित समुदाय उभर पाता था।

संभवतः उपमहाद्वीप के और भागों में अन्य विविधताएँ भी मौजूद थीं किंतु उनके विशिष्ट ब्योरों को पुनर्निर्मित करना संभव नहीं हो पाया है।

2.5 क्या माताएँ महत्वपूर्ण थीं?

हमने पढ़ा कि सातवाहन राजाओं को उनके मातृनाम (माता के नाम से उद्भूत) से चिह्नित किया जाता था। इससे यह प्रतीत होता है कि माताएँ महत्वपूर्ण थीं किंतु किसी भी निष्कर्ष पर पहुँचने से पहले हमें बहुत सावधानी बरतनी होगी। सातवाहन राजाओं के संदर्भ में हमें यह ज्ञात है कि सिंहासन का उत्तराधिकार पितृवंशिक होता था।

चित्र 3.4

एक युद्ध का दृश्य

यह महाभारत के दृश्यों के सबसे प्राचीन मूर्ति चित्रणों में से एक है। यह मिट्टी की मूर्ति अहिच्छत्र (उत्तर प्रदेश) के एक मंदिर की दीवार पर उत्कीर्ण है जो लगभग पाँचवीं शताब्दी ईसवी की है।

3. सामाजिक विषमताएँ

वर्ण व्यवस्था के दायरे में और उससे परे

संभवतः आप 'जाति' शब्द से परिचित होंगे जो एक सोपानात्मक सामाजिक वर्गीकरण को दर्शाता है। धर्मसूत्रों और धर्मशास्त्रों में एक आदर्श व्यवस्था का उल्लेख किया गया था। ब्राह्मणों का यह मानना था कि यह व्यवस्था जिसमें स्वयं उन्हें पहला दर्ज़ा प्राप्त है, एक दैवीय व्यवस्था है। शूद्रों और 'अस्पृश्यों' को सबसे निचले स्तर पर रखा जाता था। इस व्यवस्था में दर्ज़ा संभवतः जन्म के अनुसार निर्धारित माना जाता था।

3.1 'उचित' जीविका

धर्मसूत्रों और धर्मशास्त्रों में चारों वर्गों के लिए आदर्श 'जीविका' से जुड़े कई नियम मिलते हैं। ब्राह्मणों का कार्य अध्ययन, वेदों की शिक्षा, यज्ञ करना और करवाना था तथा उनका काम दान देना और लेना था। क्षत्रियों का कर्म युद्ध करना, लोगों को सुरक्षा प्रदान करना, न्याय करना, वेद पढ़ना, यज्ञ करवाना और दान-दक्षिणा देना था। अंतिम तीन कार्य वैश्यों के लिए भी थे साथ ही उनसे कृषि, गौ-पालन और व्यापार का कर्म भी अपेक्षित था। शूद्रों के लिए मात्र एक ही जीविका थी–तीनों 'उच्च' वर्णों की सेवा करना।

इन नियमों का पालन करवाने के लिए ब्राह्मणों ने दो-तीन नीतियाँ अपनाईं। एक, जैसा कि हमने अभी पढ़ा, यह बताया गया कि वर्ण व्यवस्था की उत्पत्ति एक दैवीय व्यवस्था है। दूसरा, वे शासकों को यह उपदेश देते थे कि वे इस व्यवस्था के नियमों का अपने राज्यों में अनुसरण करें। तीसरे, उन्होंने लोगों को यह विश्वास दिलाने का प्रयत्न किया कि उनकी प्रतिष्ठा जन्म पर आधारित है। किंतु ऐसा करना आसान बात नहीं थी। अतः इन मानदंडों को बहुधा महाभारत जैसे अनेक ग्रंथों में वर्णित कहानियों के द्वारा बल प्रदान किया जाता था।

स्रोत 6

एक दैवीय व्यवस्था?

अपनी मान्यता को प्रमाणित करने के लिए ब्राह्मण बहुधा ऋग्वेद के *पुरुषसूक्त* मंत्र को उद्धृत करते थे जो आदि मानव पुरुष की बलि का चित्रण करता है। जगत के सभी तत्व जिनमें चारों वर्ण शामिल हैं, इसी पुरुष के शरीर से उपजे थे।

ब्राह्मण उसका मुँह था, उसकी भुजाओं से क्षत्रिय निर्मित हुआ।

वैश्य उसकी जंघा थी, उसके पैर से शूद्र की उत्पत्ति हुई।

➲ आपको क्या लगता है कि ब्राह्मण इस सूक्त को बहुधा क्यों उद्धृत करते थे?

स्रोत 7

'उचित' सामाजिक कर्तव्य

महाभारत के *आदिपर्वन्* से एक कहानी उद्धृत है :

एक बार ब्राह्मण द्रोण के पास, जो कुरु वंश के राजकुमारों को धनुर्विद्या की शिक्षा देते थे, एकलव्य नामक वनवासी निषाद (शिकारी समुदाय) आया। द्रोण ने जो धर्म समझते थे, उसे शिष्य के रूप में स्वीकार करने से मना कर दिया। एकलव्य ने वन में लौट कर मिट्टी से द्रोण की प्रतिमा बनाई तथा उसे अपना गुरु मान कर वह स्वयं ही तीर चलाने का अभ्यास करने लगा। समय के साथ वह तीर चलाने में सिद्धहस्त हो गया। एक दिन कुरु राजकुमार अपने कुत्ते के साथ जंगल में शिकार करते हुए एकलव्य के समीप पहुँच गए। कुत्ता काले मृग की चमड़ी के वस्त्र में लिपटे निषाद को देखकर भौंकने लगा। क्रोधित होकर एकलव्य ने एक साथ सात तीर चलाकर उसका मुँह बंद कर दिया। जब वह कुत्ता लौटा तो पांडव तीरंदाज़ी का यह अद्भुत दृश्य देखकर आश्चर्यचकित हो गए। उन्होंने एकलव्य को तलाशा, उसने स्वयं को द्रोण का शिष्य बताया।

द्रोण ने अपने प्रिय शिष्य अर्जुन से एक बार यह कहा था कि वह उनके सभी शिष्यों में अद्वितीय तीरंदाज़ बनेगा। अर्जुन ने द्रोण को उनका यह प्रण याद दिलाया। द्रोण एकलव्य के पास गए जिसने उन्हें अपना गुरु मानकर प्रणाम किया। तब द्रोण ने गुरु दक्षिणा के रूप में एकलव्य से उसके दाहिने हाथ का अँगूठा माँग लिया। एकलव्य ने फ़ौरन गुरु को अपना अँगूठा काट कर दे दिया। अब एकलव्य तीर चलाने में उतना तेज़ नहीं रहा। इस तरह द्रोण ने अर्जुन को दिए वचन को निभाया : कोई भी अर्जुन से बेहतर धनुर्धारी नहीं रहा।

➲ इस कहानी के द्वारा निषादों को कौन-सा संदेश दिया जा रहा था? क्षत्रियों को इससे क्या संदेश मिला होगा? क्या आपको लगता है कि एक ब्राह्मण के रूप में द्रोण धर्मसूत्र का अनुसरण कर रहे थे जब वे धनुर्विद्या की शिक्षा दे रहे थे?

3.2 अक्षत्रिय राजा

शास्त्रों के अनुसार केवल क्षत्रिय राजा हो सकते थे। किंतु अनेक महत्वपूर्ण राजवंशों की उत्पत्ति अन्य वर्णों से भी हुई थी। मौर्य वंश जिसने एक विशाल साम्राज्य पर शासन किया, के उद्भव पर गर्मजोशी से बहस होती रही है। बाद के बौद्ध ग्रंथों में यह इंगित किया गया है कि वे क्षत्रिय थे किंतु ब्राह्मणीय शास्त्र उन्हें 'निम्न' कुल का मानते हैं। शुंग और कण्व जो मौर्यों के उत्तराधिकारी थे, ब्राह्मण थे। वस्तुतः राजनीतिक सत्ता का उपभोग हर वह व्यक्ति कर सकता था जो समर्थन और संसाधन जुटा सके। राजत्व क्षत्रिय कुल में जन्म लेने पर शायद ही निर्भर करता था।

अन्य शासकों को, जैसे शक जो मध्य एशिया से भारत आए, ब्राह्मण मलेच्छ, बर्बर अथवा अन्यदेशीय मानते थे। किंतु संस्कृत के संभवतः

आरंभिक अभिलेखों में से एक में प्रसिद्ध शक राजा रुद्रदामन (लगभग दूसरी शताब्दी ईसवी) द्वारा सुदर्शन सरोवर के जीर्णोद्धार (अध्याय 2) का वर्णन मिलता है। इससे यह ज्ञात होता है कि शक्तिशाली मलेच्छ संस्कृतीय परिपाटी से अवगत थे।

एक और दिलचस्प बात यह है कि सातवाहन कुल के सबसे प्रसिद्ध शासक गोतमी-पुत्त सिरी-सातकनि ने स्वयं को अनूठा ब्राह्मण और साथ ही क्षत्रियों के दर्प का हनन करने वाला बताया था। उसने यह भी दावा किया कि चार वर्णों के बीच विवाह संबंध होने पर उसने रोक लगाई। किंतु फिर भी रुद्रदामन के परिवार से उसने विवाह संबंध स्थापित किए।

जैसा आप इस उदाहरण में देख सकते हैं, जाति प्रथा के भीतर आत्मसात होना बहुधा एक जटिल सामाजिक प्रक्रिया थी। सातवाहन स्वयं को ब्राह्मण वर्ण का बताते थे जबकि ब्राह्मणीय शास्त्र के अनुसार राजा को क्षत्रिय होना चाहिए। वे चतुर्वर्णी व्यवस्था की मर्यादा बनाए रखने का दावा करते थे किंतु साथ ही उन लोगों से वैवाहिक संबंध भी स्थापित करते थे जो इस वर्ण व्यवस्था से ही बाहर थे और जैसा हमने देखा वह अंतर्विवाह पद्धति का पालन करते थे न कि बहिर्विवाह प्रणाली का जो ब्राह्मणीय ग्रंथों में प्रस्तावित है।

चित्र 3.5
शक शासक को चित्रित करता चाँदी का सिक्का, लगभग चौथी शताब्दी ईसवी

3.3 जाति और सामाजिक गतिशीलता

ये जटिलताएँ समाज के वर्गीकरण के लिए शास्त्रों में प्रयुक्त एक और शब्द *जाति* से भी स्पष्ट होती हैं। ब्राह्मणीय सिद्धांत में वर्ण की तरह जाति भी जन्म पर आधारित थी। किंतु वर्ण जहाँ मात्र चार थे वहीं जातियों की कोई निश्चित संख्या नहीं थी। वस्तुतः जहाँ कहीं भी ब्राह्मणीय व्यवस्था का नए समुदायों से आमना-सामना हुआ - उदाहरणतः जंगल में रहने वाले निषाद या फिर व्यावसायिक वर्ग जैसे सुवर्णकार, जिन्हें चार वर्णों वाली व्यवस्था में समाहित करना संभव नहीं था, उनका जाति में वर्गीकरण कर दिया गया। वे जातियाँ जो एक ही जीविका अथवा व्यवसाय से जुड़ी थीं उन्हें कभी-कभी श्रेणियों में भी संगठित किया जाता था।

हालाँकि इन समुदायों के इतिहास का लेखा-जोखा हमें कम ही प्राप्त होता है, किंतु कुछ अपवाद हैं जैसे कि मंदसौर (मध्य प्रदेश) से मिला अभिलेख (लगभग पाँचवीं शताब्दी ईसवी)। इसमें रेशम के बुनकरों की एक श्रेणी का वर्णन मिलता है जो मूलतः लाट (गुजरात) प्रदेश के निवासी थे और वहाँ से मंदसौर चले गए थे, जिसे उस समय दशपुर के नाम से जाना जाता था। यह कठिन यात्रा उन्होंने अपने बच्चों और बांधवों

के साथ संपन्न की। उन्होंने वहाँ के राजा की महानता के बारे में सुना था अतः वे उसके राज्य में बसना चाहते थे।

यह अभिलेख जटिल सामाजिक प्रक्रियाओं की झलक देता है तथा श्रेणियों के स्वरूप के विषय में अंतर्दृष्टि प्रदान करता है। हालाँकि श्रेणी की सदस्यता शिल्प में विशेषज्ञता पर निर्भर थी। कुछ सदस्य अन्य जीविका भी अपना लेते थे। इस अभिलेख से यह भी ज्ञात होता है कि सदस्य एक व्यवसाय के अतिरिक्त और चीज़ों में भी सहभागी होते थे। सामूहिक रूप से उन्होंने शिल्पकर्म से अर्जित धन को सूर्य देवता के सम्मान में मंदिर बनवाने पर खर्च किया।

वणिकों की स्थिति

संस्कृत के ग्रंथ और अभिलेखों में व्यापारियों के लिए वणिक शब्द प्रयुक्त किया जाता है। हालाँकि शास्त्रों में व्यापार को वैश्यों की जीविका बताया जाता है अन्य स्रोतों में अधिक जटिल परिस्थिति देखने को मिलती है। जैसे शूद्रक के नाटक *मृच्छकटिकम्* (लगभग चौथी शताब्दी ईसवी) में नायक चारुदत्त को *ब्राह्मण-वणिक* बताया गया है। पाँचवीं शताब्दी ईसवी के एक अभिलेख में दो भाइयों को *क्षत्रिय-वणिक* कहा गया है, जिन्होंने एक मंदिर के निर्माण के लिए धन दिया।

स्रोत 8

रेशम बुनकरों ने क्या किया?

निम्नलिखित अंश संस्कृत के एक अभिलेख से उद्धृत है :

> कुछ लोगों को संगीत से अत्यंत प्रेम है जो कानों को प्रिय होता है; अन्य को गर्व है सैकड़ों उत्तम जीवनियों (के रचयिता होने) का, इस तरह वे अनेक कथाओं से परिचित हैं। (अन्य) विनीत भाव से उत्तम धार्मिक व्याख्यानों में तल्लीन हैं... कुछ लोग अपने धार्मिक अनुष्ठानों में श्रेष्ठ हैं; इसी तरह अपने पर निग्रह रखने वाले (वैदिक) खगोल शास्त्र में पारंगत हैं। अन्य जन युद्ध करने में शूरवीर, शत्रुओं का अनिष्ट करते हैं।

➲ क्या आपको लगता है कि रेशम के बुनकर उस जीविका का पालन कर रहे थे जो उनके लिए शास्त्रों ने तय की थी?

3.4 चार वर्णों के परे : एकीकरण

उपमहाद्वीप में पाई जाने वाली विविधताओं की वजह से यहाँ हमेशा से ऐसे समुदाय रहे हैं जिन पर ब्राह्मणीय विचारों का कोई प्रभाव नहीं पड़ा है। संस्कृत साहित्य में जब ऐसे समुदायों का उल्लेख आता है तो उन्हें कई बार विचित्र, असभ्य और पशुवत चित्रित किया जाता है। ऐसे कुछ उदाहरण वन प्रांतर में बसने वाले लोगों के हैं जिनके लिए शिकार और कंद-मूल संग्रह करना जीवन-निर्वाह का महत्वपूर्ण साधन था। निषाद वर्ग जिससे एकलव्य जुड़ा माना जाता था, इसी का उदाहरण है।

यायावर पशुपालकों के समुदाय को भी शंका की दृष्टि से देखा जाता था क्योंकि उन्हें आसानी से बसे हुए कृषिकर्मियों के साँचे के अनुरूप नहीं ढाला जा सकता था। यदा-कदा उन लोगों को जो असंस्कृत भाषी

थे, उन्हें मलेच्छ कहकर हेय दृष्टि से देखा जाता था। किंतु इन लोगों के बीच विचारों और मतों का आदान-प्रदान होता था। उनके संबंधों के स्वरूप के बारे में हमें महाभारत की कथाओं से ज्ञात होता है।

स्रोत 9

बाघ सदृश पति

यह सारांश महाभारत के *आदिपर्वन्* से उद्धृत कहानी का है :

पांडव गहन वन में चले गए थे। थक कर वे सो गए; केवल द्वितीय पांडव भीम जो अपने बल के लिए प्रसिद्ध थे, रखवाली करते रहे। एक नरभक्षी राक्षस को पांडवों की मानुष गंध ने विचलित किया और उसने अपनी बहन हिडिम्बा को उन्हें पकड़कर लाने के लिए भेजा। हिडिम्बा भीम को देखकर मोहित हो गई और एक सुंदर स्त्री के वेष में उसने भीम से विवाह का प्रस्ताव किया, जिसे उन्होंने अस्वीकार कर दिया। इस बीच राक्षस वहाँ आ गया और उसने भीम को मल्ल युद्ध के लिए ललकारा। भीम ने उसकी चुनौती को स्वीकार किया और उसका वध कर दिया। शोर सुनकर अन्य पांडव जाग गए। हिडिम्बा ने उन्हें अपना परिचय दिया और भीम के प्रति अपने प्रेम से उन्हें अवगत कराया। वह कुंती से बोली : "हे उत्तम देवी, मैंने मित्र, बांधव और अपने धर्म का भी परित्याग कर दिया है और आपके बाघ सदृश पुत्र को अपने पति के रूप में चयन किया है... चाहे आप मुझे मूर्ख समझें अथवा अपनी समर्पित दासी, कृपया मुझे अपने साथ लें तथा आपका पुत्र मेरा पति हो।"

अंततः युधिष्ठिर इस शर्त पर इस विवाह के लिए तैयार हो गए कि भीम दिनभर हिडिम्बा के साथ रहकर रात्रि में उनके पास आ जाएँगे। यह दंपति दिन भर सभी लोकों की सैर करते। समय आने पर हिडिम्बा ने एक राक्षस पुत्र को जन्म दिया जिसका नाम घटोत्कच रखा। तत्पश्चात माँ और पुत्र पांडवों को छोड़कर वन में चले गए किंतु घटोत्कच ने यह प्रण किया कि जब भी पांडवों को उसकी जरूरत होगी वह उपस्थित हो जाएगा।

कुछ इतिहासकारों का यह मत है कि राक्षस उन लोगों को कहा जाता था जिनके आचार-व्यवहार उन मानदंडों से भिन्न थे जिनका चित्रण ब्राह्मणीय ग्रंथों में हुआ था।

➲ इस सारांश में उन व्यवहारों को निर्दिष्ट कीजिए जो अब्राह्मणीय प्रतीत होते हैं।

3.5 चार वर्णों के परे : अधीनता और संघर्ष

ब्राह्मण कुछ लोगों को वर्ण व्यवस्था वाली सामाजिक प्रणाली के बाहर मानते थे। साथ ही उन्होंने समाज के कुछ वर्गों को 'अस्पृश्य' घोषित कर सामाजिक वैषम्य को और अधिक प्रखर बनाया। ब्राह्मणों का यह मानना था कि कुछ कर्म, खासतौर से वे जो अनुष्ठानों के संपादन से जुड़े थे, पुनीत और 'पवित्र' थे, अतः अपने को पवित्र मानने वाले लोग अस्पृश्यों

से भोजन नहीं स्वीकार करते थे। पवित्रता के इस पहलू के ठीक विपरीत कुछ कार्य ऐसे थे जिन्हें खासतौर से 'दूषित' माना जाता था। शवों की अंत्येष्टि और मृत पशुओं को छूने वालों को चाण्डाल कहा जाता था। उन्हें वर्ण व्यवस्था वाले समाज में सबसे निम्न कोटि में रखा जाता था। वे लोग जो स्वयं को सामाजिक क्रम में सबसे ऊपर मानते थे, इन चाण्डालों का स्पर्श, यहाँ तक कि उन्हें देखना भी, अपवित्रकारी मानते थे।

मनुस्मृति में चाण्डालों के 'कर्तव्यों' की सूची मिलती है। उन्हें गाँव के बाहर रहना होता था। वे फेंके हुए बर्तनों का इस्तेमाल करते थे, मरे हुए लोगों के वस्त्र तथा लोहे के आभूषण पहनते थे। रात्रि में वे गाँव और नगरों में चल-फिर नहीं सकते थे। संबंधियों से विहीन मृतकों की उन्हें अंत्येष्टि करनी पड़ती थी तथा वधिक के रूप में भी कार्य करना होता था। चीन से आए बौद्ध भिक्षु फा-शिएन (लगभग पाँचवीं शताब्दी ईसवी) का कहना है कि अस्पृश्यों को सड़क पर चलते हुए करताल बजाकर अपने होने की सूचना देनी पड़ती थी जिससे अन्य जन उन्हें देखने के दोष से बच जाएँ। एक और चीनी तीर्थयात्री श्वैन-त्सांग (लगभग सातवीं शताब्दी ईसवी) कहता है कि वधिक और सफ़ाई करने वालों को नगर से बाहर रहना पड़ता था।

अब्राह्मणीय ग्रंथों में चित्रित चाण्डालों के जीवन का विश्लेषण करके इतिहासकारों ने यह जानने का प्रयास किया है कि क्या चाण्डालों ने शास्त्रों में निर्धारित अपने हीन जीवन को स्वीकार कर लिया था? यदा-कदा इन ग्रंथों के चित्रण और ब्राह्मणीय ग्रंथ में हुए चित्रण में समानता है परंतु कभी-कभी हमें एक भिन्न सामाजिक वास्तविकता का भी संकेत मिलता है।

चित्र 3.6
एक भिक्षु का चित्रण, पत्थर की मूर्ति (गांधार)
लगभग तीसरी शताब्दी ईसवी

स्रोत 10

बोधिसत्त एक चाण्डाल के रूप में

क्या चाण्डालों ने अपने को समाज की सबसे निचली श्रेणी में रखे जाने का प्रतिरोध किया? यह कहानी पढ़िए जो पालि में लिखी *मातंग जातक* से ली गई है। इस कथा में बोधिसत्त (पूर्वजन्म में बुद्ध) एक चाण्डाल के रूप में चित्रित हैं।

एक बार बोधिसत्त ने बनारस नगर के बाहर एक चाण्डाल के पुत्र के रूप में जन्म लिया, उनका नाम मातंग था। एक दिन वे किसी कार्यवश नगर में गए और वहाँ उनकी मुलाकात दिथ्थ मांगलिक नामक एक व्यापारी की पुत्री से हुई। उन्हें देखकर वह चिल्लाई "मैंने कुछ अशुभ देख लिया है।" यह कहकर उसने अपनी आँखें धोईं। उसके क्रोधित सेवकों ने मातंग की पिटाई की। विरोध में मातंग व्यापारी के घर के दरवाज़े के बाहर जाकर लेट गए। सातवें रोज़ घर के लोगों ने बाहर आकर दिथ्थ को उन्हें सौंप दिया। दिथ्थ उपवास से क्षीण हुए मातंग को लेकर चाण्डाल बस्ती में आई। घर लौटने पर मातंग ने संसार त्यागने का निर्णय लिया। अलौकिक शक्ति हासिल करने के उपरांत वह बनारस लौटे और उन्होंने दिथ्थ से विवाह कर लिया। माण्डव्यकुमार नामक उनका एक पुत्र हुआ। बड़े होने पर उसने तीन वेदों का अध्ययन किया तथा प्रत्येक दिन वह 16,000 ब्राह्मणों को भोजन कराता था।

एक दिन फटे वस्त्र पहने तथा मिट्टी का भिक्षा पात्र हाथ में लिए मातंग अपने पुत्र के दरवाज़े पर आए और उन्होंने भोजन माँगा। माण्डव्य ने कहा कि वे एक पतित आदमी प्रतीत होते हैं अत: भिक्षा के योग्य नहीं, भोजन ब्राह्मणों के लिए है। मातंग ने उत्तर दिया, "जिन्हें अपने जन्म पर गर्व है पर अज्ञानी हैं वे भेंट के पात्र नहीं हैं। इसके विपरीत जो लोग दोषमुक्त हैं वे भेंट के योग्य हैं।" माण्डव्य ने क्रोधित होकर अपने सेवकों से मातंग को घर से बाहर निकालने को कहा। मातंग आकाश में जाकर अदृश्य हो गए। जब दिथ्थ मांगलिक को इस प्रसंग के बारे में पता चला तो वह उनसे माफ़ी माँगने के लिए उनके पीछे आई। मातंग ने उससे कहा कि वह उनके भिक्षा पात्र में बचे हुए भोजन का कुछ अंश माण्डव्य तथा ब्राह्मणों को दे दें...

➲ इस कथा में उन तत्वों की ओर इंगित कीजिए जिनसे यह ज्ञात हो कि वह मातंग के नज़रिए से लिखे गए थे।

स्रोत 11

द्रौपदी के प्रश्न

ऐसा माना जाता है कि द्रौपदी ने युधिष्ठिर से यह प्रश्न किया था कि वह उसे दाँव पर लगाने से पहले स्वयं को हार बैठे थे अथवा नहीं। इस प्रश्न के उत्तर में दो भिन्न मतों को प्रस्तुत किया गया।

प्रथम तो यह कि यदि युधिष्ठिर ने स्वयं को हार जाने के पश्चात द्रौपदी को दाँव पर लगाया तो यह अनुचित नहीं क्योंकि पत्नी पर पति का नियंत्रण सदैव रहता है।

दूसरा यह कि एक दासत्व स्वीकार करने वाला पुरुष (जैसे उस क्षण युधिष्ठिर थे) किसी और को दाँव पर नहीं लगा सकता।

इन मुद्दों का कोई निष्कर्ष नहीं निकला और अंततः धृतराष्ट्र ने सभी पांडवों और द्रौपदी को उनकी निजी स्वतंत्रता पुनः लौटा दी।

➲ क्या आपको ऐसा लगता है कि यह प्रकरण इस बात की ओर इंगित करता है कि पत्नियों को पतियों की निजी संपत्ति माना जाए?

4. जन्म के परे

संसाधन और प्रतिष्ठा

यदि आप अध्याय 2 में वर्णित आर्थिक संबंधों पर विचार करें तो देखेंगे कि दास, भूमिहीन खेतिहर मज़दूर, शिकारी, मछुआरे, पशुपालक, किसान, ग्राममुखिया, शिल्पकार, वणिक और राजा सभी का उपमहाद्वीप के विभिन्न हिस्सों में सामाजिक अभिनायक के रूप में उद्भव हुआ। उनके सामाजिक स्थान इस बात पर निर्भर करते थे कि आर्थिक संसाधनों पर उनका कितना नियंत्रण है। अब हम विशेष संदर्भों में इस बात का परीक्षण करेंगे कि संसाधनों पर नियंत्रण के क्या सामाजिक आशय थे।

4.1 संपत्ति पर स्त्री और पुरुष के भिन्न अधिकार

अब हम महाभारत के एक महत्वपूर्ण प्रकरण पर विचार करेंगे। कौरव और पांडव के बीच लंबे समय से चली आ रही प्रतिस्पर्धा के फलस्वरूप दुर्योधन ने युधिष्ठिर को द्यूत क्रीड़ा के लिए आमंत्रित किया। युधिष्ठिर अपने प्रतिद्वंद्वी द्वारा धोखा दिए जाने के कारण इस द्यूत में स्वर्ण, हस्ति, रथ, दास, सेना, कोष, राज्य तथा अपनी प्रजा की संपत्ति, अनुजों और फिर स्वयं को भी दाँव पर लगा कर गँवा बैठे। इसके उपरांत उन्होंने पांडवों की सहपत्नी द्रौपदी को भी दाँव पर लगाया और उसे भी हार गए।

संपत्ति के स्वामित्व के मुद्दे जो इन कहानियों में वर्णित हैं, धर्मसूत्र और धर्मशास्त्रों में भी उठाए गए हैं। *मनुस्मृति* के अनुसार पैतृक जायदाद का माता-पिता की मृत्यु के बाद सभी पुत्रों में समान रूप से बँटवारा किया जाना चाहिए किंतु ज्येष्ठ पुत्र विशेष भाग का अधिकारी था। स्त्रियाँ इस पैतृक संसाधन में हिस्सेदारी की माँग नहीं कर सकती थीं।

किंतु विवाह के समय मिले उपहारों पर स्त्रियों का स्वामित्व माना जाता था और इसे *स्त्रीधन* (अर्थात् स्त्री का धन) की संज्ञा दी जाती थी। इस संपत्ति को उनकी संतान विरासत के रूप में प्राप्त कर सकती थी और इस पर उनके पति का कोई अधिकार नहीं होता था। किंतु *मनुस्मृति* स्त्रियों को पति की आज्ञा के विरुद्ध पारिवारिक संपत्ति अथवा स्वयं अपने बहुमूल्य धन के गुप्त संचय के विरुद्ध भी चेतावनी देती है।

आपने एक धनाढ्य वाकाटक महिषी प्रभावती गुप्त (अध्याय 2) के बारे में पढ़ा है। किंतु अधिकतर साक्ष्य–अभिलेखीय व साहित्यिक–इस बात की ओर इशारा करते हैं कि यद्यपि उच्च वर्ग की महिलाएँ संसाधनों पर अपनी पैठ रखती थीं, सामान्यतः भूमि, पशु और धन पर पुरुषों का ही नियंत्रण था। दूसरे शब्दों में, स्त्री और पुरुष के बीच सामाजिक हैसियत की भिन्नता संसाधनों पर उनके नियंत्रण की भिन्नता की वजह से अधिक प्रखर हुई।

स्रोत 12

स्त्री और पुरुष किस प्रकार संपत्ति अर्जित कर सकते थे?

पुरुषों के लिए *मनुस्मृति* कहती है कि धन अर्जित करने के सात तरीके हैं : विरासत, खोज, खरीद, विजित करके, निवेश, कार्य द्वारा तथा सज्जनों द्वारा दी गई भेंट को स्वीकार करके।

स्त्रियों के लिए संपत्ति अर्जन के छः तरीके हैं : वैवाहिक अग्नि के सामने तथा वधूगमन के समय मिली भेंट। स्नेह के प्रतीक के रूप में तथा भ्राता, माता और पिता द्वारा दिए गए उपहार। इसके अतिरिक्त परवर्ती काल में मिली भेंट तथा वह सब कुछ जो "अनुरागी" पति से उसे प्राप्त हो।

➲ स्त्री और पुरुष किस प्रकार धन प्राप्त कर सकते थे इसकी तुलना कीजिए व अंतर भी स्पष्ट कीजिए।

4.2 वर्ण और संपत्ति के अधिकार

ब्राह्मणीय ग्रंथों के अनुसार संपत्ति पर अधिकार का एक और आधार (लैंगिक आधार के अतिरिक्त) वर्ण था। जैसा हमने पहले पढ़ा है कि शूद्रों के लिए एकमात्र 'जीविका' ऐसी सेवा थी जिसमें हमेशा उनकी इच्छा शामिल नहीं होती थी। हालाँकि तीन उच्च वर्णों के पुरुषों के लिए विभिन्न जीविकाओं की संभावना रहती थी। यदि इन सब विधानों को वास्तव में कार्यान्वित किया जाता तो ब्राह्मण और क्षत्रिय सबसे धनी व्यक्ति होते। यह तथ्य कुछ हद तक सामाजिक वास्तविकता से मेल खाता था। साहित्यिक परंपरा में पुरोहितों और राजाओं का वर्णन मिलता है जिसमें राजा अधिकतर धनी चित्रित होते हैं; पुरोहित भी सामान्यतः धनी दर्शाए जाते हैं। हालाँकि यदा-कदा निर्धन ब्राह्मण का भी चित्रण मिलता है।

एक और स्तर पर, जहाँ समाज के ब्राह्मणीय दृष्टिकोण को धर्मसूत्र और धर्मशास्त्र में संहिताबद्ध किया जा रहा था अन्य परंपराओं ने वर्ण व्यवस्था की आलोचना प्रस्तुत की। इनमें से सर्वविदित आलोचनाएँ प्रारंभिक बौद्ध धर्म में (लगभग छठी शताब्दी ई.पू. से, अध्याय 4) विकसित हुईं। बौद्धों ने इस बात को अंगीकार किया कि समाज में विषमता मौजूद थी किंतु यह भेद न तो नैसर्गिक थे और न ही स्थायी। बौद्धों ने जन्म के आधार पर सामाजिक प्रतिष्ठा को अस्वीकार किया।

स्रोत 13

एक धनाढ्य शूद्र

यह कहानी पालि भाषा के बौद्ध ग्रंथ *मज्झिमनिकाय* से है जो एक राजा अवन्तिपुत्र और बुद्ध के अनुयायी कच्चन के बीच हुए संवाद का हिस्सा है। यद्यपि यह कहानी अक्षरशः सत्य नहीं थी तथापि यह बौद्धों के वर्ण संबंधी रवैये को दर्शाती है।

अवन्तिपुत्र ने कच्चन से पूछा कि ब्राह्मणों के इस मत के बारे में उनकी क्या राय है, कि वे सर्वश्रेष्ठ हैं और अन्य जातियाँ निम्न कोटि की हैं; ब्राह्मण का वर्ण शुभ्र है और अन्य जातियाँ काली हैं; केवल ब्राह्मण पवित्र हैं अन्य नहीं; ब्राह्मण ब्रह्मा के पुत्र हैं, ब्रह्मा के मुख से जन्मे हैं, उनसे ही रचित हैं तथा ब्रह्मा के वंशज हैं।

कच्चन ने उत्तर दिया: "क्या यदि शूद्र धनी होता... दूसरा शूद्र... अथवा क्षत्रिय या फिर ब्राह्मण अथवा वैश्य... उससे विनीत स्वर में बात करता?"

अवन्तिपुत्र ने प्रत्युत्तर में कहा कि यदि शूद्र के पास धन अथवा अनाज, स्वर्ण या फिर रजत होती वह दूसरे शूद्र को अपने आज्ञाकारी सेवक के रूप में प्राप्त कर सकता था, जो उससे पहले उठे और उसके बाद विश्राम करे; जो उसकी आज्ञा का पालन करे, विनीत वचन बोले; अथवा वह क्षत्रिय, ब्राह्मण या फिर वैश्य को भी आज्ञावाही सेवक बना सकता था।

कच्चन ने पूछा, "यदि ऐसा है, तो क्या फिर यह चारों वर्ण एकदम समान नहीं हैं?"

अवन्तिपुत्र ने यह स्वीकार किया कि इस आधार पर चारों वर्णों में कोई भेद नहीं है।

➲ अवन्तिपुत्र के पहले वक्तव्य को दुबारा पढ़िए। इसमें कौन से विचार ऐसे हैं जो ब्राह्मणीय ग्रंथों/ परंपराओं से लिए गए हैं? क्या आप इनमें से किसी विचार के स्रोत की पहचान कर सकते हैं? इस ग्रंथ के अनुसार सामाजिक असमानता के लिए क्या स्पष्टीकरण दिया जा सकता है?

4.3 एक वैकल्पिक सामाजिक रूपरेखा : संपत्ति में भागीदारी

अभी तक हम उन परिस्थितियों का परीक्षण करते रहे हैं जहाँ लोग अपनी संपत्ति के आधार पर सामाजिक प्रतिष्ठा का दावा करते थे, या फिर उन्हें वह स्थिति प्रदान की जाती थी। किंतु समाज में अन्य संभावनाएँ भी थीं। वह स्थिति जहाँ दानशील आदमी का सम्मान किया जाता था तथा कृपण व्यक्ति अथवा वह जो स्वयं अपने लिए संपत्ति संग्रह करता था, घृणा का पात्र होता था। प्राचीन तमिलकम् एक ऐसा ही क्षेत्र था जहाँ उपरोक्त आदर्शों को संजोया जाता था। जैसा हमने पहले पढ़ा (अध्याय 2), इस क्षेत्र में 2000 वर्ष पहले अनेक सरदारियाँ थीं। यह सरदार अपनी प्रशंसा गाने वाले चारण और कवियों के आश्रयदाता होते थे। तमिल भाषा के संगम साहित्यिक संग्रह में सामाजिक और आर्थिक संबंधों का अच्छा चित्रण है जो इस ओर इंगित करता है कि हालाँकि

धनी और निर्धन के बीच विषमताएँ थीं, जिन लोगों का संसाधनों पर नियंत्रण था उनसे यह अपेक्षा की जाती थी कि वे मिल-बाँट कर उसका उपयोग करेंगे।

स्रोत 14

निर्धन दानी सरदार

यह रचना *पुरुनारुरू* से उद्धृत है जो तमिल संगम साहित्य (लगभग प्रथम शताब्दी ईसवी) की एक पद्यावली है। इस रचना में एक चारण अपने आश्रयदाता का चित्रण अन्य कवियों के समक्ष इस भाँति कर रहा है :

उसके (अर्थात् आश्रयदाता) पास हर रोज़ दूसरों पर खर्चा करने के लिए धन नहीं है।

किंतु वह इतना ओछा भी नहीं है कि यह कहकर, कि मेरे पास कुछ नहीं है, दान देने से मना कर दे!...

वह इरंतई (एक स्थान) में रहता है और दानप्रिय है। वह चारणों की क्षुधा का शत्रु है।

यदि तुम अपनी गरीबी को समाप्त करना चाहो तो मेरे साथ आओ, तुम सभी चारण जिनके होंठ इतने दक्ष हैं!

यदि हम उससे प्रार्थना करेंगे और अपनी भूख से क्षीण हुई पसलियाँ उसे दिखाएँगे, तो वह अपने गाँव के लोहार के पास जाएगा और उस सक्षम हाथ वाले से कहेगा: "मुझे युद्ध के लिए एक लंबा भाला तैयार कर दो, एक ऐसा भाला जिसका सीधा फलक हो!"

➲ चारण ने सरदार को दानी बताने के लिए किस तरह के दाँव-पेंच अपनाए?
धन अर्जित करने के लिए सरदार को क्या करना होता था जिससे वह उसका कुछ अंश चारण को दे सके?

चित्र 3.7
एक सरदार और उसका अनुयायी; पत्थर की मूर्ति, अमरावती (आंध्र प्रदेश) लगभग दूसरी शताब्दी ईसवी

➲ मूर्तिकार ने सरदार व उसके अनुयायी के बीच अंतर को कैसे दर्शाया है?

➲ चर्चा कीजिए...

वर्तमान समाजों में सामाजिक रिश्ते किस तरह परिचालित होते हैं? क्या वह अतीत के सामाजिक रिश्तों से मिलते-जुलते हैं, अथवा भिन्न हैं?

5. सामाजिक विषमताओं की व्याख्या

एक सामाजिक अनुबंध

बौद्धों ने समाज में फैली विषमताओं के संदर्भ में एक अलग अवधारणा प्रस्तुत की। साथ ही समाज में फैले अंतर्विरोधों को नियमित करने के लिए जिन संस्थानों की आवश्यकता थी, उस पर भी अपना दृष्टिकोण सामने रखा। *सुत्तपिटक* नामक ग्रंथ में एक मिथक वर्णित है जो यह बताता है कि प्रारंभ में मानव पूर्णतया विकसित नहीं थे। वनस्पति जगत भी अविकसित था। सभी जीव शांति के एक निर्बाध लोक में रहते थे और प्रकृति से उतना ही ग्रहण करते थे जितनी एक समय के भोजन की आवश्यकता होती है।

किंतु यह व्यवस्था क्रमशः पतनशील हुई। मनुष्य अधिकाधिक लालची, प्रतिहिंसक और कपटी हो गए। इस स्थिति में उन्होंने विचार किया कि: "क्या हम एक ऐसे मनुष्य का चयन करें जो उचित बात पर क्रोधित हो, जिसकी प्रताड़ना की जानी चाहिए उसको प्रताड़ित करे और जिसे निष्कासित किया जाना हो उसे निष्कासित करे? बदले में हम उसे चावल का अंश देंगे... सब लोगों द्वारा चुने जाने के कारण उसे *महासम्मत्त* की उपाधि प्राप्त होगी।"

इससे यह ज्ञात होता है कि राजा का पद लोगों द्वारा चुने जाने पर निर्भर करता था। 'कर' वह मूल्य था जो लोग राजा की इस सेवा के बदले उसे देते थे। यह मिथक इस बात को भी दर्शाता है कि आर्थिक और सामाजिक संबंधों को बनाने में मानवीय कर्म का बड़ा हाथ था। इसके कुछ और आशय भी हैं। उदाहरणतः यदि मनुष्य स्वयं एक प्रणाली को बनाए रखने के लिए ज़िम्मेदार थे तो भविष्य में उसमें परिवर्तन भी ला सकते थे।

6. साहित्यिक स्रोतों का इस्तेमाल

इतिहासकार और महाभारत

यदि आप इस अध्याय के स्रोतों की ओर गौर करें तो आप पाएँगे कि इतिहासकार किसी ग्रंथ का विश्लेषण करते समय अनेक पहलुओं पर विचार करते हैं तथा इस बात का परीक्षण करते हैं कि ग्रंथ किस *भाषा* में लिखा गया : पालि, प्राकृत अथवा तमिल, जो आम लोगों द्वारा बोली जाती थी अथवा संस्कृत जो विशिष्ट रूप से पुरोहितों और खास वर्ग द्वारा प्रयोग में लाई जाती थी। इतिहासकार ग्रंथ के *प्रकार* पर भी ध्यान देते हैं। क्या यह ग्रंथ 'मंत्र' थे जो अनुष्ठानकर्ताओं द्वारा पढ़े और उच्चरित किए जाते थे अथवा ये 'कथा' ग्रंथ थे जिन्हें लोग पढ़ और सुन सकते थे तथा दिलचस्प होने पर जिन्हें दुबारा सुनाया जा सकता था? इसके अलावा

इतिहासकार लेखक(कों) के बारे में भी जानने का प्रयास करते हैं जिनके दृष्टिकोण और विचारों ने ग्रंथों को रूप दिया। इन ग्रंथों के श्रोताओं का भी इतिहासकार परीक्षण करते हैं क्योंकि लेखकों ने अपनी रचना करते समय श्रोताओं की अभिरुचि पर ध्यान दिया होगा। इतिहासकार ग्रंथ के संभावित संकलन/रचना काल और उसकी रचनाभूमि का भी विश्लेषण करते हैं। इन सब मुद्दों का जायज़ा लेने के बाद ही इतिहासकार किसी भी ग्रंथ की विषयवस्तु का इतिहास के पुनर्निर्माण के लिए इस्तेमाल करते हैं। महाभारत जैसे विशाल और जटिल ग्रंथ के संदर्भ में, आप कल्पना कर सकते हैं कि यह कार्य कितना कठिन होगा।

6.1 भाषा एवं विषयवस्तु

अब हम ग्रंथ की भाषा की ओर देखते हैं। महाभारत का जो पाठ हम इस्तेमाल कर रहे हैं वह संस्कृत में है (यद्यपि अन्य भाषाओं में भी इसके संस्करण मिलते हैं)। किंतु महाभारत में प्रयुक्त संस्कृत वेदों अथवा प्रशस्तियों (अध्याय 2 में चर्चित) की संस्कृत से कहीं अधिक सरल है। अत: यह संभव है कि इस ग्रंथ को व्यापक स्तर पर समझा जाता था।

इतिहासकार इस ग्रंथ की विषयवस्तु को दो मुख्य शीर्षकों–*आख्यान* तथा *उपदेशात्मक*–के अंतर्गत रखते हैं। आख्यान में कहानियों का संग्रह है और उपदेशात्मक भाग में सामाजिक आचार-विचार के मानदंडों का चित्रण है। किंतु यह विभाजन पूरी तरह अपने में एकांकी नहीं है–उपदेशात्मक अंशों में भी कहानियाँ होती हैं और बहुधा आख्यानों में समाज के लिए एक सबक निहित रहता है। अधिकतर इतिहासकार इस बात पर एकमत हैं कि महाभारत वस्तुत: एक भाग में नाटकीय कथानक था जिसमें उपदेशात्मक अंश बाद में जोड़े गए।

उपदेशात्मक शब्द का तात्पर्य है निर्देश अथवा शिक्षा देना।

चित्र 3.8
श्रीकृष्ण अर्जुन को उपदेश देते हुए
महाभारत का सबसे महत्वपूर्ण उपदेशात्मक अंश *भगवद्गीता* है जहाँ कुरुक्षेत्र की युद्धभूमि में श्रीकृष्ण अर्जुन को उपदेश देते हैं। इस दृश्य को चित्रों और मूर्तिकला में कई बार दर्शाया गया है। इस चित्र का काल अठारहवीं शताब्दी है।

आरंभिक संस्कृत परंपरा में महाभारत को 'इतिहास' की श्रेणी में रखा गया है। इस शब्द का अर्थ है : 'ऐसा ही था।' क्या महाभारत में, सचमुच में हुए किसी युद्ध का स्मरण किया जा रहा था? इस बारे में हम निश्चित रूप से कुछ नहीं कह सकते। कुछ इतिहासकारों का मानना है कि स्वजनों के बीच हुए युद्ध की स्मृति ही महाभारत का मुख्य कथानक है। अन्य इस बात की ओर इंगित करते हैं कि हमें युद्ध की पुष्टि किसी और साक्ष्य से नहीं होती।

6.2 लेखक (एक या कई) और तिथियाँ

यह ग्रंथ किसने लिखा? इस प्रश्न के कई उत्तर हैं। संभवतः मूल कथा के रचयिता भाट सारथी थे जिन्हें 'सूत' कहा जाता था। ये क्षत्रिय योद्धाओं के साथ युद्धक्षेत्र में जाते थे और उनकी विजय व उपलब्धियों के बारे में कविताएँ लिखते थे। इन रचनाओं का प्रेषण मौखिक रूप में हुआ। पाँचवीं शताब्दी ई.पू. से ब्राह्मणों ने इस कथा परंपरा पर अपना अधिकार कर लिया और इसे लिखा। यह वह काल था जब कुरु और पांचाल जिनके इर्द-गिर्द महाभारत की कथा घूमती है, मात्र सरदारी से राजतंत्र के रूप में उभर रहे थे। क्या नए राजा अपने इतिहास को अधिक

चित्र 3.9
लिपिक श्रीगणेश
परंपरा के अनुसार व्यास ने इस ग्रंथ को श्रीगणेश को लिखवाया। यह चित्र महाभारत के फारसी अनुवाद (लगभग 1740-50) से लिया गया है।

नियमित रूप से लिखना चाहते थे? यह भी संभव है कि नए राज्यों की स्थापना के समय होने वाली उथल-पुथल के कारण पुराने सामाजिक मूल्यों के स्थान पर नवीन मानदंडों की स्थापना हुई जिनका इस कहानी के कुछ भागों में वर्णन मिलता है।

लगभग 200 ई.पू. से 200 ईसवी के बीच हम इस ग्रंथ के रचनाकाल का एक और चरण देखते हैं। यह वह समय था जब विष्णु देवता की आराधना प्रभावी हो रही थी, तथा श्रीकृष्ण को जो इस महाकाव्य के महत्वपूर्ण नायकों में से हैं, उन्हें विष्णु का रूप बताया जा रहा था। कालांतर में लगभग 200-400 ईसवी के बीच *मनुस्मृति* से मिलते-जुलते बृहत उपदेशात्मक प्रकरण महाभारत में जोड़े गए। इन सब परिवर्धनों के कारण यह ग्रंथ जो अपने प्रारंभिक रूप में संभवतः 10,000 श्लोकों से भी कम रहा होगा, बढ़ कर एक लाख श्लोकों वाला हो गया। साहित्यिक परंपरा में इस बृहत रचना के रचयिता ऋषि व्यास माने जाते हैं।

6.3 सदृशता की खोज

महाभारत में अन्य किसी भी प्रमुख महाकाव्य की भाँति युद्धों, वनों, राजमहलों और बस्तियों का अत्यंत जीवंत चित्रण है। 1951-52 में पुरातत्ववेत्ता बी.बी. लाल ने मेरठ ज़िले (उ.प्र.) के हस्तिनापुर नामक एक गाँव में उत्खनन किया। क्या यह गाँव महाकाव्य में वर्णित हस्तिनापुर था? हालाँकि नामों की समानता मात्र एक संयोग हो सकता है किंतु गंगा के ऊपरी दोआब वाले क्षेत्र में इस पुरास्थल का होना जहाँ कुरु राज्य भी स्थित था, इस ओर इंगित करता है कि यह पुरास्थल कुरुओं की राजधानी हस्तिनापुर हो सकती थी जिसका उल्लेख महाभारत में आता है।

बी.बी. लाल को यहाँ आबादी के पाँच स्तरों के साक्ष्य मिले थे जिनमें से दूसरा और तीसरा स्तर हमारे विश्लेषण के लिए महत्वपूर्ण है। दूसरे स्तर (लगभग बारहवीं से सातवीं शताब्दी ई.पू.) पर मिलने वाले घरों के बारे में लाल कहते हैं : "जिस सीमित क्षेत्र का उत्खनन हुआ वहाँ से आवास गृहों की कोई निश्चित परियोजना नहीं मिलती किंतु मिट्टी की बनी दीवारें और कच्ची मिट्टी की ईंटें अवश्य मिलती हैं। सरकंडे की छाप वाले मिट्टी के पलस्तर की खोज इस बात की ओर इशारा करती है कि कुछ घरों की दीवारें सरकंडों की बनी थीं जिन पर मिट्टी का पलस्तर चढ़ा दिया जाता था।" तीसरे स्तर (लगभग छठी से तीसरी शताब्दी ई.पू.) के लिए लाल कहते हैं: "तृतीय काल के घर कच्ची और कुछ पक्की ईंटों के बने हुए थे। इनमें शोषक-घट और ईंटों के नाले गंदे पानी के निकास के लिए इस्तेमाल किए जाते थे, तथा वलय-कूपों का इस्तेमाल, कुओं और मल की निकासी वाले गर्तों, दोनों ही रूपों में किया जाता था।"

स्रोत 15

हस्तिनापुर

महाभारत के *आदिपर्वन्* में इस नगर का चित्रण इस प्रकार मिलता है :

यह नगर जो समुद्र की भाँति भरा हुआ था, जो सैकड़ों प्रासादों से संकुलित था। इसके सिंहद्वार, तोरण और कंगूरे सघन बादलों की तरह घुमड़ रहे थे। यह इंद्र की नगरी के समान शोभायमान था।

➲ क्या आपको लगता है कि लाल की खोज और महाकाव्य में वर्णित हस्तिनापुर में समानता है।

चित्र 3.10
हस्तिनापुर में उत्खनित एक दीवार का अंश

क्या नगर का यह चित्रण महाकाव्य के मुख्य कथानक में बाद में (ईसा पूर्व छठी शताब्दी के पश्चात) जोड़ दिया गया जब इस क्षेत्र में नगरों का विकास हुआ? अथवा यह मात्र कवियों की कल्पना की उड़ान थी जिसकी अन्य किसी भी साक्ष्य के साथ तुलना कर उसे प्रमाणित नहीं किया जा सकता।

एक और उदाहरण पर गौर कीजिए। महाभारत की सबसे चुनौतीपूर्ण उपकथा द्रौपदी से पांडवों के विवाह की है। यह बहुपति विवाह का उदाहरण है जो महाभारत की कथा का अभिन्न अंग है। यदि हम महाकाव्य के इस अंश का विश्लेषण करें तो यह विदित होता है कि लेखक(कों) ने विभिन्न तरीकों से इसका स्पष्टीकरण देने का प्रयास किया है।

स्रोत 16

द्रौपदी का विवाह

पांचाल नरेश द्रुपद ने एक स्वयंवर का आयोजन किया जिसमें यह शर्त रखी गई कि धनुष की चाप चढ़ा कर निशाने पर तीर मारा जाए; विजेता उनकी पुत्री द्रौपदी से विवाह करने के लिए चुना जाएगा। अर्जुन ने यह प्रतियोगिता जीती और द्रौपदी ने उसे वरमाला पहनाई। पांडव उसे लेकर अपनी माता कुंती के पास गए जिन्होंने बिना देखे ही उन्हें लाई गई वस्तु को आपस में बाँट लेने को कहा। जब कुंती ने द्रौपदी को देखा तो उन्हें अपनी भूल का एहसास हुआ, किंतु उनकी आज्ञा की अवहेलना नहीं की जा सकती थी। बहुत सोच-विचार के बाद युधिष्ठिर ने यह निर्णय लिया कि द्रौपदी उन पाँचों की पत्नी होगी।

जब द्रुपद को यह बताया गया तो उन्होंने इसका विरोध किया। किंतु ऋषि व्यास ने उन्हें इस तथ्य से अवगत कराया कि पांडव वास्तव में इंद्र के अवतार थे और उनकी पत्नी ने ही द्रौपदी के रूप में जन्म लिया था। अत: नियति ने ही उन सबका साथ निश्चित कर दिया था।

व्यास ने यह भी बताया कि एक बार युवा स्त्री ने पति प्राप्ति के लिए शिव की आराधना की और उत्साह के अतिरेक में एक के बजाय पाँच बार पति प्राप्ति का वर माँग लिया। इसी स्त्री ने द्रौपदी के रूप में जन्म लिया तथा शिव ने उसकी प्रार्थना को परिपूर्ण किया है। इन कहानियों से संतुष्ट होकर द्रुपद ने इस विवाह को अपनी सहमति प्रदान की।

➲ आपको क्यों लगता है कि लेखक(कों) ने एक ही प्रकरण के लिए तीन स्पष्टीकरण प्रस्तुत किए?

वर्तमान इतिहासकारों का यह सुझाव है कि लेखक(कों) द्वारा बहुपति विवाह संबंध का चित्रण इस बात की ओर इंगित करता है कि संभवतः यह प्रथा शासकों के विशिष्ट वर्ग में किसी काल में मौजूद थी। किंतु साथ ही इस प्रकरण के विभिन्न स्पष्टीकरण इस बात को भी व्यंजित करते हैं कि समय के साथ बहुपति प्रथा उन ब्राह्मणों में अमान्य हो गई जिन्होंने कई शताब्दियों के दौरान इस ग्रंथ को पुनर्निर्मित किया।

कुछ इतिहासकार इस तथ्य की ओर भी ध्यान दिलाते हैं कि यद्यपि ब्राह्मणों की दृष्टि में बहुपति प्रथा अमान्य और अवांछित थी, यह हिमालय क्षेत्र में प्रचलन में थी (और आज भी है)। यह भी कहा जाता है कि युद्ध के समय स्त्रियों की कमी के कारण बहुपति प्रथा को अपनाया गया। दूसरे शब्दों में कहें तो संकट की स्थिति में इसे अपनाया गया।

कुछ आरंभिक स्रोत इस तथ्य की पुष्टि करते हैं कि बहुपति प्रथा न तो एकमात्र विवाह पद्धति थी और न ही यह सबसे अधिक प्रचलित थी। फिर क्यों इस ग्रंथ के रचनाकार(रों) ने इस प्रथा को महाभारत के प्रमुख पात्रों के साथ अभिन्न रूप से जोड़कर देखा? हमें यह बात ध्यान में रखनी चाहिए कि सृजनात्मक साहित्य की अपनी कथा संबंधी ज़रूरतें होती हैं जो हमेशा समाज में मौजूद वास्तविकताओं को नहीं दर्शातीं।

7. एक गतिशील ग्रंथ

महाभारत का विकास संस्कृत के पाठ के साथ ही समाप्त नहीं हो गया। शताब्दियों से इस महाकाव्य के अनेक पाठान्तर भिन्न-भिन्न भाषाओं में लिखे गए। ये सब उस संवाद को दर्शाते थे जो इनके लेखकों, अन्य लोगों और समुदायों के बीच कायम हुए। अनेक कहानियाँ जिनका उद्भव एक क्षेत्र विशेष में हुआ और जिनका खास लोगों के बीच प्रसार हुआ, वे सब इस महाकाव्य में समाहित कर ली गईं। साथ ही इस महाकाव्य की मुख्य कथा की अनेक पुनर्व्याख्याएँ की गईं। इसके प्रसंगों को मूर्तिकला और चित्रों में भी दर्शाया गया। इस महाकाव्य ने नाटकों और नृत्य कलाओं के लिए भी विषय-वस्तु प्रदान की।

इस महाकाव्य की पुनर्व्याख्याओं में मुख्य कथावस्तु को बहुत ही सृजनात्मक ढंग से प्रस्तुत किया गया है। हम ऐसे ही एक उदाहरण का उल्लेख करते हैं। महाभारत के एक प्रसंग का रूपांतरण समसामयिक बांग्ला लेखिका महाश्वेता देवी ने किया है, जो शोषण के विरुद्ध अपनी आवाज़ उठाने के लिए प्रसिद्ध हैं। इस उदाहरण में उन्होंने महाभारत की

➲ चर्चा कीजिए...

इस अध्याय में महाभारत से उद्धृत अंशों को एक बार फिर पढ़िए। इनमें से प्रत्येक के विषय में यह चर्चा कीजिए कि क्या वे वास्तव में सत्य थे। ये उद्धरण हमें महाकाव्य के रचयिताओं, पाठकों या फिर श्रोताओं के विषय में क्या बताते हैं?

मुख्य कथावस्तु के लिए अन्य विकल्प खोजे हैं और उन प्रश्नों की ओर ध्यान खींचा है जिन पर संस्कृत पाठ पूर्णतया मूक है।

संस्कृत पाठ में दुर्योधन द्वारा पांडवों को छल से लाक्षागृह में जलाकर मार देने का उल्लेख आता है। किंतु पहले से मिली चेतावनी के कारण पांडव उस गृह में सुरंग खोदकर भाग निकलते हैं। उस समय कुंती एक भोज का आयोजन करती है जिसमें ब्राह्मण आमंत्रित होते हैं, किंतु एक निषादी भी अपने पाँच पुत्रों के साथ उसमें आती है। खा-पीकर वे गहरी नींद में सो जाते हैं और पांडवों द्वारा लगाई गई आग में वे उसी लाक्षागृह में भस्म हो जाते हैं। जब उस निषादी और उसके पुत्रों के जले शव मिलते हैं तो लोग यह सोचते हैं कि पांडवों की मृत्यु हो गई है।

अपनी लघु कथा जिसका शीर्षक "कुंती ओ निषादी" है, महाश्वेता देवी ने कथानक का प्रारंभ वहाँ से किया है जहाँ महाभारत के इस प्रसंग का अंत होता है। उन्होंने अपनी कहानी का संयोजन एक वनप्रांतर में किया है जहाँ महाभारत के युद्ध के बाद कुंती रहने लगती हैं। कुंती के पास अब अपने अतीत के विषय में सोचने का समय है। पृथ्वी जो प्रकृति की प्रतीक है उससे बातें करते हुए वह अपनी त्रुटियों को अंगीकार करती हैं। प्रतिदिन वह निषादों को देखती हैं जो वन में लकड़ी, शहद, कंदमूल आदि एकत्रित करने आते हैं। एक निषादी बहुधा कुंती को पृथ्वी से बात करते हुए सुनती है।

एक दिन वातावरण में कुछ था; जानवर जंगल छोड़कर भाग रहे थे। कुंती ने देखा कि निषादी उन्हें ताक रही है, जब उसने यह पूछा कि क्या उन्हें लाक्षागृह की याद है, तो कुंती सकपका गई। उन्हें याद था। क्या उन्हें एक वृद्धा निषादी और उसके पाँच पुत्र याद थे? और इसकी स्मृति थी कि कुंती ने उन्हें मदिरा पिलाई थी, इतनी कि वे सब बेसुध हो गए थे जबकि वह स्वयं अपने पुत्रों के संग बचकर निकल गई थीं। कुंती ने पूछा क्या तुम वह निषादी हो? उसने उत्तर दिया कि मरी हुई निषादी उसकी सास थी। साथ ही वह बोली कि अपने अतीत पर विचार करते समय तुम्हें एक बार भी उन छः निर्दोष लोगों की याद नहीं आई जिन्हें प्राणों से हाथ धोना पड़ा था, क्योंकि तुम अपनी और अपने पुत्रों की जान बचाना चाहती थीं। जिस समय वे दोनों बातें कर रही थीं आग की लपटें करीब आ रही थीं। निषादी तो अपने प्राण बचाकर निकल गई किन्तु कुंती जहाँ खड़ी थी वहीं रह गई।

कालरेखा 1
प्रमुख साहित्यिक परंपराएँ

लगभग 500 ई. पू.	पाणिनि की *अष्टाध्यायी*, संस्कृत व्याकरण
लगभग 500-200 ई. पू.	प्रमुख धर्मसूत्र (संस्कृत में)
लगभग 500-100 ई. पू.	आरंभिक बौद्ध ग्रंथ *त्रिपिटक* सहित (पालि में)
लगभग 500 ई. पू.-400 ईसवी	*रामायण* और *महाभारत* (संस्कृत में)
लगभग 200 ई. पू.-200 ईसवी	*मनुस्मृति* (संस्कृत में), तमिल संगम साहित्य की रचना और संकलन
लगभग 100 ईसवी	*चरक* और *सुश्रुत* संहिता, आयुर्वेद के ग्रंथ (संस्कृत में)
लगभग 200 ईसवी से	*पुराणों* का संकलन (संस्कृत में)
लगभग 300 ईसवी	भरतमुनि का *नाट्यशास्त्र* (संस्कृत में)
लगभग 300-600 ईसवी	अन्य धर्मशास्त्र (संस्कृत में)
लगभग 400-500 ईसवी	संस्कृत नाटक कालिदास के साहित्य सहित; खगोल व गणित शास्त्र पर आर्यभट्ट और वराहमिहिर के ग्रंथ (संस्कृत में); जैन ग्रंथों का संग्रहण (प्राकृत में)

कालरेखा 2
महाभारत के अध्ययन में प्रमुख कीर्तिमान

बीसवीं शताब्दी	
1919-66	महाभारत के समालोचनात्मक संस्करण की परिकल्पना और प्रकाशन
1973	जे.ए.बी. वैन बियुटेनेन द्वारा समालोचनात्मक संस्करण का अंग्रेज़ी अनुवाद आरंभ; 1978 में उनकी मृत्यु के बाद यह परियोजना अधूरी रह गई।

उत्तर दीजिए (लगभग 100-150 शब्दों में)

1. स्पष्ट कीजिए कि विशिष्ट परिवारों में पितृवंशिकता क्यों महत्वपूर्ण रही होगी?

2. क्या आरंभिक राज्यों में शासक निश्चित रूप से क्षत्रिय ही होते थे? चर्चा कीजिए।

3. द्रोण, हिडिम्बा और मातंग की कथाओं में धर्म के मानदंडों की तुलना कीजिए व उनके अंतर को भी स्पष्ट कीजिए।

4. किन मायनों में सामाजिक अनुबंध की बौद्ध अवधारणा समाज के उस ब्राह्मणीय दृष्टिकोण से भिन्न थी जो 'पुरुषसूक्त' पर आधारित था।

5. निम्नलिखित अवतरण महाभारत से है जिसमें ज्येष्ठ पांडव युधिष्ठिर दूत संजय को संबोधित कर रहे हैं :

   > संजय धृतराष्ट्र गृह के सभी ब्राह्मणों और मुख्य पुरोहित को मेरा विनीत अभिवादन दीजिएगा। मैं गुरु द्रोण के सामने नतमस्तक होता हूँ... मैं कृपाचार्य के चरण स्पर्श करता हूँ... (और) कुरु वंश के प्रधान भीष्म के। मैं वृद्ध राजा (धृतराष्ट्र) को नमन करता हूँ। मैं उनके पुत्र दुर्योधन और उनके अनुजों के स्वास्थ्य के बारे में पूछता हूँ तथा उनको शुभकामनाएँ देता हूँ... मैं उन सब युवा कुरु योद्धाओं का अभिनंदन करता हूँ जो हमारे भाई, पुत्र और पौत्र हैं... सर्वोपरि मैं उन महामति विदुर को (जिनका जन्म दासी से हुआ है) नमस्कार करता हूँ जो हमारे पिता और माता के सदृश हैं... मैं उन सभी वृद्धा स्त्रियों को प्रणाम करता हूँ जो हमारी माताओं के रूप में जानी जाती हैं। जो हमारी पत्नियाँ हैं उनसे यह कहिएगा कि, "मैं आशा करता हूँ कि वे सुरक्षित हैं"... मेरी ओर से उन कुलवधुओं का जो उत्तम परिवारों में जन्मी हैं और बच्चों की माताएँ हैं, अभिनंदन कीजिएगा तथा हमारी पुत्रियों का आलिंगन कीजिएगा... सुंदर, सुगंधित, सुवेशित गणिकाओं को शुभकामनाएँ दीजिएगा। दासियों और उनकी संतानों तथा वृद्ध, विकलांग और असहाय जनों को भी मेरी ओर से नमस्कार कीजिएगा...

   इस सूची को बनाने के आधारों की पहचान कीजिए – उम्र, लिंग, भेद व बंधुत्व के संदर्भ में। क्या कोई अन्य आधार भी हैं? प्रत्येक श्रेणी के लिए स्पष्ट कीजिए कि सूची में उन्हें एक विशेष स्थान पर क्यों रखा गया है?

निम्नलिखित पर एक लघु निबंध लिखिए (लगभग 500 शब्दों में)

6. भारतीय साहित्य के प्रसिद्ध इतिहासकार मौरिस विंटरविट्ज़ ने महाभारत के बारे में लिखा था कि: "चूँकि महाभारत संपूर्ण साहित्य का प्रतिनिधित्व करता है... बहुत सारी और अनेक प्रकार की चीज़ें इसमें निहित हैं... (वह) भारतीयों की आत्मा की अगाध गहराई को एक अंतर्दृष्टि प्रदान करता है।" चर्चा कीजिए।
7. क्या यह संभव है कि महाभारत का एक ही रचयिता था? चर्चा कीजिए।
8. आरंभिक समाज में स्त्री-पुरुष के संबंधों की विषमताएँ कितनी महत्वपूर्ण रही होंगी? कारण सहित उत्तर दीजिए।
9. उन साक्ष्यों की चर्चा कीजिए जो यह दर्शाते हैं कि बंधुत्व और विवाह संबंधी ब्राह्मणीय नियमों का सर्वत्र अनुसरण नहीं होता था।

मानचित्र कार्य

10. इस अध्याय के मानचित्र की अध्याय 2 के मानचित्र 1 से तुलना कीजिए। कुरु-पांचाल क्षेत्र के पास स्थित महाजनपदों और नगरों की सूची बनाइए।

परियोजना कार्य (कोई एक)

11. अन्य भाषाओं में महाभारत की पुनर्व्याख्या के बारे में जानिए। इस अध्याय में वर्णित महाभारत के किन्हीं दो प्रसंगों का इन भिन्न भाषा वाले ग्रंथों में किस तरह निरूपण हुआ है उनकी चर्चा कीजिए। जो भी समानता और विभिन्नता आप इन वृत्तांत में देखते हैं उन्हें स्पष्ट कीजिए।
12. कल्पना कीजिए कि आप एक लेखक हैं और एकलव्य की कथा को अपने दृष्टिकोण से लिखिए।

यदि आप और जानकारी चाहते हैं तो इन्हें पढ़िए :

उमा चक्रवर्ती, 2006
एवरीडे लाइव्ज़, एवरीडे हिस्ट्रीज़,
तूलिका, नयी दिल्ली।

इरावती कार्वे, 1968
किनशिप आर्गनाईज़ेशन इन इंडिया,
एशिया पब्लिशिंग हाउस, बॉम्बे।

आर.एस. शर्मा, 1983
पर्सपेक्टिव इन सोशल एंड इकोनॉमिक हिस्ट्री ऑफ़ अर्ली इंडिया,
मुंशीराम मनोहर लाल, नयी दिल्ली।

वी.एस. सुकथांकर, 1957
ऑन द मीनिंग ऑफ़ द महाभारत,
एशियाटिक सोसायटी ऑफ़ बॉम्बे, बॉम्बे।

रोमिला थापर, 2000
कल्चरल पास्ट्स: ऐसेज़ इन अर्ली इंडियन हिस्ट्री, ऑक्सफोर्ड यूनिवर्सिटी प्रेस, नयी दिल्ली।

अधिक जानकारी के लिए आप निम्नलिखित वेबसाइट देख सकते हैं
http://bombay.indology.info/mahabharata/statement.html

12095CH04

विषय चार

विचारक, विश्वास और इमारतें

सांस्कृतिक विकास

(ईसा पूर्व 600 से ईसा संवत् 600 तक)

चित्र 4.1
साँची की एक मूर्ति

इस अध्याय में हम एक हज़ार साल लंबी यात्रा पर जाएँगे। इसमें हम दार्शनिकों के बारे में पढ़ेंगे और यह जानने की कोशिश करेंगे कि उन्होंने समाज में अपनी स्थिति को समझने के क्या प्रयास किए। हम यह भी देखेंगे कि उनके विचार किस तरह से मौखिक और लिखित परंपराओं में संग्रहित हुए तथा उन्हें स्थापत्य और मूर्तिकला के माध्यम से कैसी अभिव्यक्ति मिली। ये सब जनता पर इन विचारकों के स्थायी प्रभाव को दर्शाते हैं। हालाँकि हम बौद्ध धर्म का विशेष अध्ययन करेंगे, यह ध्यान देने की बात है कि यह परंपरा अकेली विकसित नहीं हुई। दूसरी कई परंपराएँ थीं जो एक-दूसरे के साथ लगातार वाद-विवाद और संवाद चला रही थीं।

इन रोमांचक विचारों और विश्वासों की दुनिया के पुनर्निर्माण के लिए इतिहासकार जिन स्रोतों का इस्तेमाल करते हैं उनमें बौद्ध, जैन और ब्राह्मण ग्रंथों के अलावा इमारतों और अभिलेखों जैसे प्रभूत मात्रा में उपलब्ध भौतिक साक्ष्य भी शामिल हैं। उस युग की बची हुई इमारतों में सबसे सुरक्षित है साँची का स्तूप। यह स्तूप इस अध्याय के अध्ययन का एक प्रमुख केंद्र-बिंदु है।

चित्र 4.2
शाहजहाँ बेगम

1. साँची की एक झलक

साँची उन्नीसवीं सदी में

भोपाल राज्य के प्राचीन अवशेषों में सबसे अद्भुत साँची कनखेड़ा की इमारतें हैं। भोपाल से बीस मील उत्तर-पूर्व की तरफ़ एक पहाड़ी की तलहटी में बसे इस गाँव को हम कल देखने गए थे। हमने पत्थर की वस्तुओं, बुद्ध की मूर्तियों और एक प्राचीन तोरणद्वार का निरीक्षण किया... ये अवशेष यूरोप के सज्जनों को विशेष रुचिकर लगते हैं जिनमें मेजर अलेक्ज़ैंडर कनिंघम एक हैं। मेजर अलेक्ज़ैंडर कनिंघम ने... इस इलाके में कई हफ़्तों तक रुक कर इन अवशेषों का निरीक्षण किया। उन्होंने इस जगह के चित्र बनाए, वहाँ के अभिलेखों को पढ़ा और गुंबदनुमा ढाँचे के बीचोंबीच खुदाई की। उन्होंने इस खोज के निष्कर्षों को एक अंग्रेज़ी पुस्तक में लिखा है...

भोपाल की नवाब (शासनकाल 1868-1901), शाहजहाँ बेगम की आत्मकथा *ताज-उल-इकबाल तारीख भोपाल* (भोपाल का इतिहास) से। 1876 में एच.डी. बार्स्टो ने इसका अनुवाद किया।

उन्नीसवीं सदी के यूरोपियों में साँची के स्तूप को लेकर काफ़ी दिलचस्पी थी। फ्रांसीसियों ने सबसे अच्छी हालत में बचे साँची के पूर्वी तोरणद्वार को फ्रांस के संग्रहालय में प्रदर्शित करने के लिए शाहजहाँ बेगम से फ्रांस ले जाने की इजाज़त माँगी। कुछ समय के लिए अंग्रेज़ों ने भी ऐसी ही कोशिश की। सौभाग्यवश फ्रांसिसी और अंग्रेज़ दोनों ही बड़ी सावधानी से बनाई प्लास्टर प्रतिकृतियों से संतुष्ट हो गए। इस प्रकार मूल कृति भोपाल राज्य में अपनी जगह पर ही रही।

भोपाल के शासकों, शाहजहाँ बेगम और उनकी उत्तराधिकारी सुल्तानजहाँ बेगम, ने इस प्राचीन स्थल के रख-रखाव के लिए धन का अनुदान दिया। आश्चर्य नहीं कि जॉन मार्शल ने साँची पर लिखे अपने महत्वपूर्ण ग्रंथों को सुल्तानजहाँ को समर्पित किया। सुल्तानजहाँ बेगम ने वहाँ पर एक संग्रहालय और अतिथिशाला बनाने के लिए अनुदान दिया। वहाँ रहते हुए ही जॉन मार्शल ने उपर्युक्त पुस्तकें लिखीं। इस पुस्तक के विभिन्न खंडों के प्रकाशन में भी सुल्तानजहाँ बेगम ने अनुदान दिया। इसलिए यदि यह स्तूप समूह बना रहा है तो इसके पीछे कुछ विवेकपूर्ण निर्णयों की बड़ी भूमिका है। शायद हम इस मामले में भी भाग्यशाली रहे हैं कि इस स्तूप पर किसी रेल ठेकेदार या निर्माता की नज़र नहीं पड़ी। यह उन लोगों से भी बचा रहा जो ऐसी चीज़ों को यूरोप के संग्रहालयों में ले जाना चाहते थे। बौद्ध धर्म के इस महत्वपूर्ण केंद्र की खोज से आरंभिक बौद्ध धर्म के बारे में हमारी समझ में महत्वपूर्ण बदलाव आए। आज यह जगह भारतीय पुरातात्विक सर्वेक्षण के सफल मरम्मत और संरक्षण का जीता जागता उदाहरण है।

चित्र 4.3
साँची का महान स्तूप

यदि आप दिल्ली से भोपाल की रेलयात्रा करेंगे तो आप एक पहाड़ी के ऊपर एक मुकुट जैसे इस खूबसूरत स्तूप को देखेंगे। यदि आप गार्ड को सूचित करेंगे तो वह साँची के छोटे से स्टेशन पर दो मिनट के लिए गाड़ी को रोक देंगे – बस इतना समय कि आप गाड़ी से उतर जाएँ। पहाड़ी पर चढ़ते हुए आप पूरे स्तूप समूह को देख सकते हैं – एक विशाल गोलार्ध ढाँचा और कई दूसरी इमारतें जिनमें पाँचवीं सदी में बना एक मंदिर भी शामिल है।

➲ चर्चा कीजिए...

शाहजहाँ बेगम द्वारा किए गए वर्णन की तुलना चित्र 3 से कीजिए। इनमें आप क्या समानताएँ और असमानताएँ पाते हैं?

आखिर इस इमारत का क्या महत्त्व है? यह टीला क्यों बनाया गया और इसके अंदर क्या था? इसके चारों ओर पत्थर की रेलिंग क्यों बनाई गई? इस स्तूप-समूह को किसने बनवाया या इसके लिए धन किसने दिया? इसकी "खोज" कब की गई? ग्रंथों, मूर्तियों, स्थापत्य कला और अभिलेखों के अध्ययन के द्वारा हम इस रोचक इतिहास की खोज कर सकते हैं। आइए, हम प्रारंभिक बौद्ध धर्म की पृष्ठभूमि के अन्वेषण से शुरुआत करते हैं।

2. पृष्ठभूमि

यज्ञ और विवाद

ईसा पूर्व प्रथम सहस्राब्दि का काल विश्व इतिहास में एक महत्वपूर्ण मोड़ माना जाता है। इस काल में ईरान में जरथुस्त्र जैसे चिंतक, चीन में खुंगत्सी, यूनान में सुकरात, प्लेटो, अरस्तु और भारत में महावीर, बुद्ध और कई अन्य चिंतकों का उद्‌भव हुआ। उन्होंने जीवन के रहस्यों को समझने का प्रयास किया। साथ-साथ वे इनसानों और विश्व व्यवस्था के बीच रिश्ते को समझने की कोशिश कर रहे थे। यही वह समय था जब गंगा घाटी में नए राज्य और शहर उभर रहे थे और सामाजिक एवं आर्थिक जीवन में कई तरह के बदलाव आ रहे थे (अध्याय 2 तथा 3)। ये मनीषी इन बदलते हालात को भी समझने की कोशिश कर रहे थे।

2.1 यज्ञों की परंपरा

चिंतन, धार्मिक विश्वास और व्यवहार की कई धाराएँ प्राचीन युग से ही चली आ रही थीं। पूर्व वैदिक परंपरा जिसकी जानकारी हमें 1500 से 1000 ईसा पूर्व में संकलित *ऋग्वेद* से मिलती है, वैसी ही एक प्राचीन परंपरा थी। *ऋग्वेद* अग्नि, इंद्र, सोम आदि कई देवताओं की स्तुति का संग्रह है। यज्ञों के समय इन स्रोतों का उच्चारण किया जाता था और लोग मवेशी, बेटे, स्वास्थ्य, लंबी आयु आदि के लिए प्रार्थना करते थे।

शुरू-शुरू में यज्ञ सामूहिक रूप से किए जाते थे। बाद में (लगभग 1000 ईसा पूर्व -500 ईसा पूर्व) कुछ यज्ञ घरों के मालिकों द्वारा किए जाते थे। राजसूय और अश्वमेध जैसे जटिल यज्ञ सरदार और राजा किया करते थे। इनके अनुष्ठान के लिए उन्हें ब्राह्मण पुरोहितों पर निर्भर रहना पड़ता था।

2.2 नए प्रश्न

उपनिषदों (छठी सदी ई.पू. से) में पाई गई विचारधाराओं से पता चलता है कि लोग जीवन का अर्थ, मृत्यु के बाद जीवन की संभावना और पुनर्जन्म के बारे में जानने के लिए उत्सुक थे। क्या पुनर्जन्म अतीत के

स्रोत 1

अग्नि की प्रार्थना

यहाँ पर *ऋग्वेद* से लिए गए दो छंद हैं जिनमें अग्निदेव का आह्वान किया गया है :

हे शक्तिशाली देव, आप हमारी आहुति देवताओं तक ले जाएँ। हे बुद्धिमंत, आप तो सबके दाता हैं। हे पुरोहित, हमे खूब सारे खाद्य पदार्थ दें।

हे अग्नि यज्ञ के द्वारा हमारे लिए प्रचुर धन ला दें। हे अग्नि, जो आपकी प्रार्थना करता है उसके लिए आप सदा के लिए पुष्टिवर्धक अद्‌भुत गाय ला दें। हमें एक पुत्र मिले जो हमारे वंश को आगे बढ़ाए...

इस तरह के छंद एक खास तरह की संस्कृत में रचे गए थे जिसे वैदिक संस्कृत कहा जाता था। ये स्रोत पुरोहित परिवारों के लोगों को मौखिक रूप में सिखाए जाते थे।

➲ यज्ञ के उद्देश्यों की सूची बनाइए।

कर्मों के कारण होता था? ऐसे मुद्दों पर पुरज़ोर बहस होती थी। मनीषी परम यथार्थ की प्रकृति को समझने और अभिव्यक्त करने में लगे थे। वैदिक परंपरा से बाहर के कुछ दार्शनिक यह सवाल उठा रहे थे कि सत्य एक होता है या अनेक। लोग यज्ञों के महत्त्व के बारे में भी चिंतन करने लगे।

2.3 वाद-विवाद और चर्चाएँ

समकालीन बौद्ध ग्रंथों में हमें 64 संप्रदायों या चिंतन परंपराओं का उल्लेख मिलता है। इससे हमें जीवंत चर्चाओं और विवादों की एक झाँकी मिलती है। शिक्षक एक जगह से दूसरी जगह घूम-घूम कर अपने दर्शन या विश्व के विषय में अपनी समझ को लेकर एक-दूसरे से तथा सामान्य लोगों से तर्क-वितर्क करते थे। ये चर्चाएँ कुटागारशालाओं (शब्दार्थ- नुकीली छत वाली झोपड़ी) या ऐसे उपवनों में होती थीं जहाँ घुमक्कड़ मनीषी ठहरा करते थे। यदि एक शिक्षक अपने प्रतिद्वंद्वी को अपने तर्कों से समझा लेता था तो वह अपने अनुयायियों के साथ उसका शिष्य बन जाता था इसलिए किसी भी संप्रदाय के लिए समर्थन समय के साथ बढ़ता-घटता रहता था।

इनमें से कई शिक्षक जिनमें महावीर और बुद्ध शामिल हैं, वेदों के प्रभुत्व पर प्रश्न उठाते थे। उन्होंने यह भी माना कि जीवन के दुःखों से मुक्ति का प्रयास हर व्यक्ति स्वयं कर सकता था। यह समझ ब्राह्मणवाद से बिलकुल भिन्न थी। जैसा कि हमने देखा ब्राह्मणवाद यह मानता था कि किसी व्यक्ति का अस्तित्व उसकी जाति और लिंग से निर्धारित होता था।

स्रोत 2

उपनिषद की कुछ पंक्तियाँ

यहाँ पर संस्कृत भाषा में रचित लगभग छठी सदी ईसा पूर्व के *छांदोग्य उपनिषद* से दो श्लोक दिए गए हैं :

आत्मा की प्रकृति

मेरी यह आत्मा धान या यव या सरसों या बाजरे के बीज की गिरी से भी छोटी है। मन के अंदर छुपी मेरी यह आत्मा पृथ्वी से भी विशाल, क्षितिज से भी विस्तृत, स्वर्ग से भी बड़ी है और इन सभी लोकों से भी बड़ी है।

सच्चा यज्ञ

यह (पवन) जो बह रहा है, निश्चय ही एक यज्ञ है... बहते-बहते यह सबको पवित्र करता है; इसलिए यह वास्तव में यज्ञ है।

बौद्ध ग्रंथ किस प्रकार तैयार और संरक्षित किए जाते थे

बुद्ध (अन्य शिक्षकों की तरह) चर्चा और बातचीत करते हुए मौखिक शिक्षा देते थे। महिलाएँ और पुरुष (शायद बच्चे भी) इन प्रवचनों को सुनते थे और इन पर चर्चा करते थे। बुद्ध के किसी भी संभाषण को उनके जीवन काल में लिखा नहीं गया। उनकी मृत्यु के बाद (पाँचवीं-चौथी सदी ई.पू.) उनके शिष्यों ने 'ज्येष्ठों' या ज़्यादा वरिष्ठ श्रमणों की एक सभा वेसली (बिहार स्थित वैशाली का पालि भाषा में रूप) में बुलाई। वहाँ पर ही उनकी शिक्षाओं का संकलन किया गया। इन संग्रहों को *'त्रिपिटक'* (शब्दार्थ भिन्न प्रकार के ग्रंथों को रखने के लिए *'तीन टोकरियाँ'*) कहा जाता था। पहले उन्हें मौखिक रूप से ही संप्रेषित किया जाता था। बाद में लिखकर विषय और लंबाई के अनुसार वर्गीकरण किया गया।

विनय पिटक में संघ या बौद्ध मठों में रहने वाले लोगों के लिए नियमों का संग्रह था। बुद्ध की शिक्षाएँ *सुत्त पिटक* में रखी गईं और दर्शन से जुड़े विषय *अभिधम्म पिटक* में आए। हर पिटक के अंदर कई ग्रंथ होते थे। बाद के युगों में बौद्ध विद्वानों ने इन ग्रंथों पर टीकाएँ लिखीं।

जब बौद्ध धर्म श्रीलंका जैसे नए इलाकों में फैला *दीपवंश* (द्वीप का इतिहास) और *महावंश* (महान इतिहास) जैसे क्षेत्र-विशेष के बौद्ध इतिहास को लिखा गया। इनमें से कई रचनाओं में बुद्ध की जीवनी लिखी गई है। ज़्यादातर पुराने ग्रंथ पालि में हैं। बाद के युगों में संस्कृत में ग्रंथ लिखे गए।

जब बौद्ध धर्म पूर्व एशिया में फैला तब फा-शिएन और श्वैन त्सांग जैसे तीर्थयात्री बौद्ध ग्रंथों की खोज में चीन से भारत आए। ये पुस्तकें वे अपने देश ले गए जहाँ विद्वानों ने इनका अनुवाद किया। हिन्दुस्तान के बौद्ध शिक्षक भी दूर-दराज़ के देशों में गए। बुद्ध की शिक्षाओं का प्रसार करने के लिए वे कई पुस्तकें भी अपने साथ ले गए। कई सदियों तक ये पांडुलिपियाँ एशिया के भिन्न-भिन्न इलाकों में स्थित बौद्ध विहारों में संरक्षित थीं। पालि, संस्कृत, चीनी और तिब्बती भाषाओं में लिखे इन ग्रंथों से आधुनिक अनुवाद तैयार किए गए हैं।

चित्र 4.4
संस्कृत में लिखी एक बौद्ध पांडुलिपि, लगभग 12वीं शताब्दी

स्रोत 3

नियतिवादी और भौतिकवादी

यहाँ हम *सुत्त पिटक* से लिया गया दृष्टांत दे रहे हैं। इसमें मगध के राजा अजातसत्तु और बुद्ध के बीच बातचीत का वर्णन किया गया है।

एक बार राजा अजातसत्तु बुद्ध के पास गए और उन्होंने मक्खलि गोसाल नामक एक अन्य शिक्षक की बातें बताईं :

"हालाँकि बुद्धिमान लोग यह विश्वास करते हैं कि इस सद्गुण से... इस तपस्या से मैं कर्म प्राप्ति करूँगा... मूर्ख उन्हीं कार्यों को करके धीरे-धीरे कर्म मुक्ति की उम्मीद करेगा। दोनों में से कोई कुछ नहीं कर सकता। सुख और दुख मानो पूर्व निर्धारित मात्रा में माप कर दिए गए हैं। इसे संसार में बदला नहीं जा सकता। इसे बढ़ाया या घटाया नहीं जा सकता। जैसे धागे का गोला फेंक देने पर लुढ़कते-लुढ़कते अपनी पूरी लंबाई तक खुलता जाता है उसी तरह मूर्ख और विद्वान दोनों ही पूर्व निर्धारित रास्ते से होते हुए दुःखों का निदान करेंगे।"

और अजीत केसकंबलिन् नामक दार्शनिक ने यह उपदेश दिया :

"हे राजन्! दान, यज्ञ या चढ़ावा जैसी कोई चीज़ नहीं होती... इस दुनिया या दूसरी दुनिया जैसी कोई चीज़ नहीं होती...

मनुष्य चार तत्वों से बना होता है। जब वह मरता है तब मिट्टी वाला अंश पृथ्वी में, जल वाला हिस्सा जल में, गर्मी वाला अंश आग में, साँस का अंश वायु में वापिस मिल जाता है और उसकी इंद्रियाँ अंतरिक्ष का हिस्सा बन जाती हैं...

दान देने की बात मूर्खों का सिद्धांत है, खोखला झूठ है... मूर्ख हो या विद्वान दोनों ही कट कर नष्ट हो जाते हैं। मृत्यु के बाद कोई नहीं बचता।"

प्रथम गद्यांश के उपदेशक आजीविक परंपरा के थे। उन्हें अक्सर नियतिवादी कहा जाता है-ऐसे लोग जो विश्वास करते थे कि सब कुछ पूर्व निर्धारित है। द्वितीय गद्यांश के उपदेशक लोकायत परंपरा के थे जिन्हें सामान्यत: भौतिकवादी कहा जाता है। इन दार्शनिक परंपराओं के ग्रंथ नष्ट हो गए हैं। इसलिए हमें अन्य परंपराओं से ही उनके बारे में जानकारी मिलती है।

➲ क्या इन लोगों को नियतिवादी या भौतिकवादी कहना आपको उचित लगता है?

➲ चर्चा कीजिए...

जब लिखित सामग्री उपलब्ध न हो अथवा किन्हीं वजहों से बच न पाई हो तो ऐसी स्थिति में विचारों और मान्यताओं के इतिहास का पुनर्निर्माण करने में क्या समस्याएँ सामने आती हैं?

चित्र 4.5
मथुरा से प्राप्त तीर्थंकर की एक मूर्ति, लगभग तीसरी शताब्दी ई.

3. लौकिक सुखों से आगे

महावीर का संदेश

जैनों के मूल सिद्धांत छठी सदी ईसा पूर्व में वर्धमान महावीर के जन्म से पहले ही उत्तर भारत में प्रचलित थे। जैन परंपरा के अनुसार महावीर से पहले 23 शिक्षक हो चुके थे, उन्हें तीर्थंकर कहा जाता है : यानी कि वे महापुरुष जो पुरुषों और महिलाओं को जीवन की नदी के पार पहुँचाते हैं।

जैन दर्शन की सबसे महत्वपूर्ण अवधारणा यह है कि संपूर्ण विश्व प्राणवान है। यह माना जाता है कि पत्थर, चट्टान और जल में भी जीवन होता है। जीवों के प्रति अहिंसा - खासकर इनसानों, जानवरों, पेड़-पौधों और कीड़े-मकोड़ों को न मारना जैन दर्शन का केंद्र बिंदु है। वस्तुतः जैन अहिंसा के सिद्धांत ने संपूर्ण भारतीय चिंतन परंपरा को प्रभावित किया है। जैन मान्यता के अनुसार जन्म और पुनर्जन्म का चक्र कर्म के द्वारा निर्धारित होता है। कर्म के चक्र से मुक्ति के लिए त्याग और तपस्या की ज़रूरत होती है। यह संसार के त्याग से ही संभव हो पाता है। इसीलिए मुक्ति के लिए विहारों में निवास करना एक अनिवार्य नियम बन गया। जैन साधु और साध्वी पाँच व्रत करते थे : हत्या न करना, चोरी नहीं करना, झूठ न बोलना, ब्रह्मचर्य (अमृषा) और धन संग्रह न करना।

स्रोत 4

महल के बाहर की दुनिया

जैसे बुद्ध के उपदेशों को उनके शिष्यों ने संकलित किया वैसे ही महावीर के शिष्यों ने किया। अक्सर ये उपदेश कहानियों के रूप में प्रस्तुत किए जाते थे जो आम लोगों को आकर्षित करते थे। यह उदाहरण *उत्तराध्ययन सूत्र* नामक एक ग्रंथ से लिया गया है। इसमें कमलावती नामक एक महारानी अपने पति को संन्यास लेने के लिए समझा रही है :

अगर संपूर्ण विश्व और वहाँ के सभी खज़ाने तुम्हारे हो जाएँ तब भी तुम्हें संतोष नहीं होगा, न ही यह सारा कुछ तुम्हें बचा पाएगा। हे राजन्! जब तुम्हारी मृत्यु होगी और जब सारा धन पीछे छूट जाएगा तब सिर्फ़ धर्म ही, और कुछ भी नहीं, तुम्हारी रक्षा करेगा। जैसे एक चिड़िया पिंजरे से नफ़रत करती है वैसे ही मैं इस संसार से नफ़रत करती हूँ। मैं बाल-बच्चे को जन्म न देकर निष्काम भाव से, बिना लाभ की कामना से और बिना द्वेष के एक साध्वी की तरह जीवन बिताऊँगी...

जिन लोगों ने सुख का उपभोग करके उसे त्याग दिया है, वायु की तरह भ्रमण करते हैं, जहाँ मन करे स्वतंत्र उड़ते हुए पक्षियों की तरह जाते हैं...

इस विशाल राज्य का परित्याग करो... इंद्रिय सुखों से नाता तोड़ो, निष्काम अपरिग्रही बनो, तत्पश्चात तेजमय हो घोर तपस्या करो...

➲ महारानी के द्वारा दिया गया कौन सा तर्क आपको सबसे ज़्यादा युक्तियुक्त लगता है?

3.1 जैन धर्म का विस्तार

धीरे-धीरे जैन धर्म भारत के कई हिस्सों में फैल गया। बौद्धों की तरह ही जैन विद्वानों ने प्राकृत, संस्कृत, तमिल जैसी अनेक भाषाओं में काफ़ी साहित्य का सृजन किया। सैकड़ों वर्षों से इन ग्रंथों की पांडुलिपियाँ मंदिरों से जुड़े पुस्तकालयों में संरक्षित हैं।

धार्मिक परंपराओं से जुड़ी हुई सबसे प्राचीन मूर्तियों में जैन तीर्थंकरों के उपासकों द्वारा बनवाई गई मूर्तियाँ भारतीय उपमहाद्वीप के कई हिस्सों में पाई गई हैं।

➲ चर्चा कीजिए...
क्या बीसवीं सदी में अहिंसा की कोई प्रासंगिकता है?

चित्र 4.6
चौदहवीं सदी के जैन ग्रंथ की पांडुलिपि का एक पन्ना

➲ क्या आप इसकी लिपि को पहचान सकते हैं?

4. बुद्ध और ज्ञान की खोज

बुद्ध उस युग के सबसे प्रभावशाली शिक्षकों में से एक थे। सैकड़ों वर्षों के दौरान उनके संदेश पूरे उपमहाद्वीप में और उसके बाद मध्य एशिया होते हुए चीन, कोरिया और जापान, श्रीलंका से समुद्र पार कर म्याँमार, थाइलैंड और इंडोनेशिया तक फैले।

हम बुद्ध की शिक्षाओं के बारे में कैसे जानते हैं? इनकी पुनर्रचना का आधार था बौद्ध ग्रंथों का बहुत परिश्रम से संपादन, अनुवाद और विश्लेषण किया जाना। इतिहासकारों ने उनके जीवन के बारे में चरित लेखन से जानकारी इकट्ठी की। इनमें से कई ग्रंथ बुद्ध के जीवन काल से लगभग सौ वर्षों के बाद लिखे गए। इनमें इस महान धर्मोपदेशक की याद को बनाए रखने की कोशिश की गई थी।

इन परंपराओं के अनुसार सिद्धार्थ (बुद्ध के बचपन का नाम) शाक्य कबीले के सरदार के बेटे थे। जीवन के कटु यथार्थों से दूर उन्हें महल की चारदीवारी के अंदर सब सुखों के बीच बड़ा किया गया। एक दिन

संतचरित्र किसी संत या धार्मिक नेता की जीवनी है। संतचरित्र संत की उपलब्धियों का गुणगान करते हैं, जो तथ्यात्मक रूप से पूरी तरह सही नहीं होते। ये इसलिए महत्वपूर्ण हैं कि ये हमें उस परंपरा के अनुयायियों के विश्वासों के बारे में बताते हैं।

उन्होंने अपने रथकार को उन्हें शहर घुमाने के लिए मना लिया। बाहरी दुनिया की उनकी पहली यात्रा काफ़ी पीड़ादायक रही। एक वृद्ध व्यक्ति को, एक बीमार को और एक लाश को देखकर उन्हें गहरा सदमा पहुँचा। उसी क्षण उन्हें यह अनुभूति हुई कि मनुष्य के शरीर का क्षय और अंत निश्चित है। उन्होंने एक गृहत्याग किए संन्यासी को भी देखा उसे मानो बुढ़ापे, बीमारी और मृत्यु से कोई परेशानी नहीं थी और उसने शांति प्राप्त कर ली थी। सिद्धार्थ ने निश्चय किया कि वे भी संन्यास का रास्ता अपनाएँगे। कुछ समय के बाद महल त्याग कर वे अपने सत्य की खोज में निकल गए।

सिद्धार्थ ने साधना के कई मार्गों का अन्वेषण किया। इनमें एक था शरीर को अधिक से अधिक कष्ट देना जिसके चलते वे मरते-मरते बचे। इन अतिवादी तरीकों को त्यागकर, उन्होंने कई दिन तक ध्यान करते हुए अंततः ज्ञान प्राप्त किया। इसके बाद से उन्हें बुद्ध अथवा ज्ञानी व्यक्ति के नाम से जाना गया है। बाकी जीवन उन्होंने धर्म या सम्यक जीवनयापन की शिक्षा दी।

चित्र 4.7
अमरावती (गुंटूर जिला, आंध्र प्रदेश) में लगभग 200 ईसवी की एक मूर्ति जिसमें बुद्ध को महल से जाते हुए दिखाया गया है।

चर्चा कीजिए...
यदि आप बुद्ध के जीवन के बारे में नहीं जानते तो क्या आप मूर्ति को देखकर समझ पाते कि उसमें क्या दिखाया गया है?

5. बुद्ध की शिक्षाएँ

बुद्ध की शिक्षाओं को *सुत्त पिटक* में दी गई कहानियों के आधार पर पुनर्निर्मित किया गया है। हालाँकि कुछ कहानियों में उनकी अलौकिक शक्तियों का वर्णन है, दूसरी कथाएँ दिखाती हैं कि अलौकिक शक्तियों की बजाय बुद्ध ने लोगों को विवेक और तर्क के आधार पर समझाने का प्रयास किया। उदाहरण के लिए, जब एक मरे हुए बच्चे की शोकमग्न माँ बुद्ध के पास आई तो उन्होंने बच्चे को जीवित करने के बजाय उस महिला को मृत्यु के अवश्यंभावी होने की बात समझायी। ये कथाएँ आम जनता की भाषा में रची गई थीं जिससे इन्हें आसानी से समझा जा सकता था।

बौद्ध दर्शन के अनुसार विश्व अनित्य है और लगातार बदल रहा है, यह आत्माविहीन (आत्मा) है क्योंकि यहाँ कुछ भी स्थायी या शाश्वत नहीं है। इस क्षणभंगुर दुनिया में दुख मनुष्य के जीवन का अंतर्निहित तत्व है। घोर तपस्या और विषयासक्ति के बीच मध्यम मार्ग अपनाकर मनुष्य दुनिया के दुखों से मुक्ति पा सकता है। बौद्ध धर्म की प्रारंभिक परंपराओं में भगवान का होना या न होना अप्रासंगिक था।

स्रोत 5

व्यवहार में बौद्ध धर्म

सुत्त पिटक से लिए गए इस उद्धरण में बुद्ध सिगल नाम के एक अमीर गृहपति को सलाह दे रहे हैं :

मालिक को अपने नौकरों और कर्मचारियों की पाँच तरह से देखभाल करनी चाहिए... उनकी क्षमता के अनुसार उन्हें काम देकर, उन्हें भोजन और मज़दूरी देकर, बीमार पड़ने पर उनकी परिचर्या करके, उनके साथ सुस्वादु भोजन बाँटकर और समय-समय पर उन्हें छुट्टी देकर...

कुल के लोगों को पाँच तरह से *श्रमणों* (जिन्होंने सांसारिक जीवन को त्याग दिया है) और ब्राह्मणों की देखभाल करनी चाहिए... कर्म, वचन और मन से अनुराग द्वारा, उनके स्वागत में हमेशा घर खुले रखकर और उनकी दिन-प्रतिदिन की ज़रूरतों की पूर्ति करके।

सिगल को माता-पिता, शिक्षक और पत्नी के साथ व्यवहार के लिए भी ऐसे ही उपदेश दिए गए हैं।

➲ आप सुझाव दीजिए कि माता-पिता, शिक्षकों और पत्नी के लिए किस तरह के निर्देश दिए गए होंगे।

चर्चा कीजिए...

बुद्ध द्वारा सिगल को दी गई सलाह की तुलना असोक द्वारा उसकी प्रजा (अध्याय 2) को दी गई सलाह से कीजिए। क्या आपको कुछ समानताएँ और असमानताएँ नज़र आती हैं?

बुद्ध मानते थे कि समाज का निर्माण इनसानों ने किया था न कि ईश्वर ने। इसीलिए उन्होंने राजाओं और गृहपतियों (देखें अध्याय 2) को दयावान और आचारवान होने की सलाह दी। ऐसा माना जाता था कि व्यक्तिगत प्रयास से सामाजिक परिवेश को बदला जा सकता था।

बुद्ध ने जन्म-मृत्यु के चक्र से मुक्ति, आत्म-ज्ञान और निर्वाण के लिए व्यक्ति-केंद्रित हस्तक्षेप और सम्यक कर्म की कल्पना की। निर्वाण का मतलब था अहं और इच्छा का खत्म हो जाना जिससे गृहत्याग करने वालों के दुख के चक्र का अंत हो सकता था। बौद्ध परंपरा के अनुसार अपने शिष्यों के लिए उनका अंतिम निर्देश था, "तुम सब अपने लिए खुद ही ज्योति बनो क्योंकि तुम्हें खुद ही अपनी मुक्ति का रास्ता ढूँढ़ना है।"

6. बुद्ध के अनुयायी

धीरे-धीरे बुद्ध के शिष्यों का दल तैयार हो गया, इसलिए उन्होंने संघ की स्थापना की, ऐसे भिक्षुओं की एक संस्था जो धम्म के शिक्षक बन गए। ये श्रमण एक सादा जीवन बिताते थे। उनके पास जीवनयापन के लिए अत्यावश्यक चीज़ों के अलावा कुछ नहीं होता था। जैसे कि दिन में एक बार उपासकों से भोजन दान पाने के लिए वे एक कटोरा रखते थे। चूँकि वे दान पर निर्भर थे इसलिए उन्हें भिक्खु कहा जाता था।

शुरू-शुरू में सिर्फ़ पुरुष ही संघ में सम्मिलित हो सकते थे। बाद में महिलाओं को भी अनुमति मिली। बौद्ध ग्रंथों के अनुसार बुद्ध के प्रिय शिष्य आनंद ने बुद्ध को समझाकर महिलाओं के संघ में आने की अनुमति प्राप्त की। बुद्ध की उपमाता महाप्रजापति गोतमी संघ में आने वाली पहली भिक्खुनी बनीं। कई स्त्रियाँ जो संघ में आईं, वे धम्म की उपदेशिकाएँ बन गईं। आगे चलकर वे *थेरी* बनी जिसका मतलब है ऐसी महिलाएँ जिन्होंने निर्वाण प्राप्त कर लिया हो।

बुद्ध के अनुयायी कई सामाजिक वर्गों से आए। इनमें राजा, धनवान, गृहपति और सामान्य जन कर्मकार, दास, शिल्पी, सभी शामिल थे। एक बार संघ में आ जाने पर सभी को बराबर माना जाता था क्योंकि भिक्खु और भिक्खुनी बनने पर उन्हें अपनी पुरानी पहचान को त्याग देना पड़ता था। संघ की संचालन पद्धति गणों और संघों की परंपरा पर आधारित थी। इसके तहत लोग बातचीत के माध्यम से एकमत होने की कोशिश करते थे। अगर यह संभव नहीं होता था तो मतदान द्वारा निर्णय लिया जाता था।

स्रोत 6

थेरीगाथा

यह अनूठा बौद्ध ग्रंथ *सुत्त पिटक* का हिस्सा है। इसमें भिक्खुनियों द्वारा रचित छंदों का संकलन किया गया है। इससे महिलाओं के सामाजिक और आध्यात्मिक अनुभवों के बारे में अंतर्दृष्टि मिलती है। पुन्ना नाम की एक दासी अपने मालिक के घर के लिए प्रतिदिन सुबह नदी का पानी लाने जाती थी। वहाँ वह हर दिन एक ब्राह्मण को स्नान कर्म करते हुए देखती थी। एक दिन उसने ब्राह्मण से बात की। निम्नलिखित पद्य की रचना पुन्ना ने की थी जिसमें ब्राह्मण से उसकी बातचीत का वर्णन है :

मैं जल ले जाने वाली हूँ :
कितनी भी ठंड हो
मुझे पानी में उतरना ही है
सज़ा के डर से
या ऊँचे घरानों की स्त्रियों के कटु वाक्यों के डर से।
हे ब्राह्मण तुम्हें किसका डर है,
जिससे तुम जल में उतरते हो
(जबकि) तुम्हारे अंग ठंड से काँप रहे हैं?

ब्राह्मण बोले :
मैं बुराई को रोकने के लिए अच्छाई कर रहा हूँ;
बूढ़ा या बच्चा
जिसने भी कुछ बुरा किया हो
जल में स्नान करके मुक्त हो जाता है।

पुन्ना ने कहा :
यह किसने कहा है
कि पानी में नहाने से बुराई से मुक्ति मिलती है?...
वैसा हो तो सारे मेंढक और कछुए स्वर्ग जाएँगे
साथ में पानी के साँप और मगरमच्छ भी!
इसके बदले में वे कर्म न करें
जिनका डर
आपको पानी की ओर खींचता है।
हे ब्राह्मण, अब तो रुक जाओ!
अपने शरीर को ठंड से बचाओ...

➲ बुद्ध की कौन-सी शिक्षाएँ इस रचना में नज़र आती हैं?

चित्र 4.8
जल ले जाने वाली एक स्त्री, मथुरा, लगभग तीसरी शताब्दी ई.

स्रोत 7

भिक्षुओं और भिक्खुनियों के लिए नियम

ये नियम *विनय पिटक* में मिलते हैं :

जब कोई भिक्खु एक नया कंबल या गलीचा बनाएगा तो उसे इसका प्रयोग कम से कम छः वर्षों तक करना पड़ेगा। यदि छः वर्ष से कम अवधि में वह बिना भिक्खुओं की अनुमति के एक नया कंबल या गलीचा बनवाता है तो चाहे उसने अपने पुराने कंबल/गलीचे को छोड़ दिया हो या नहीं - नया कंबल या गलीचा उससे ले लिया जाएगा और इसके लिए उसे अपराध स्वीकरण करना होगा।

यदि कोई भिक्खु किसी गृहस्थ के घर जाता है और उसे टिकिया या पके अनाज का भोजन दिया जाता है तो यदि उसे इच्छा हो तो वह दो से तीन कटोरा भर ही स्वीकार कर सकता है। यदि वह इससे ज़्यादा स्वीकार करता है तो उसे अपना 'अपराध' स्वीकार करना होगा। दो या तीन कटोरे पकवान स्वीकार करने के बाद उसे इन्हें अन्य भिक्खुओं के साथ बाँटना होगा। यही सम्यक आचरण है।

यदि कोई भिक्खु जो संघ के किसी विहार में ठहरा हुआ है, प्रस्थान के पहले अपने द्वारा बिछाए गए या बिछवाए गए बिस्तरे को न ही समेटता है, न ही समेटवाता है, या यदि वह बिना विदाई लिए चला जाता है तो उसे अपराध स्वीकरण करना होगा।

➲ क्या आप बता सकते हैं कि ये नियम क्यों बने?

बुद्ध के जीवनकाल में और उनकी मृत्यु के बाद भी बौद्ध धर्म तेज़ी से फैला। इसका कारण यह था कि लोग समकालीन धार्मिक प्रथाओं से असंतुष्ट थे और उस युग में तेज़ी से हो रहे सामाजिक बदलावों ने उन्हें उलझनों में बाँध रखा था। बौद्ध शिक्षाओं में जन्म के आधार पर श्रेष्ठता की बजाय जिस तरह अच्छे आचरण और मूल्यों को महत्त्व दिया गया उससे महिलाएँ और पुरुष इस धर्म की तरफ़ आकर्षित हुए। खुद से छोटे और कमज़ोर लोगों की तरफ़ मित्रता और करुणा के भाव को महत्त्व देने के आदर्श काफ़ी लोगों को भाए।

➲ चर्चा कीजिए...

पुन्ना जैसी दासी संघ में क्यों जाना चाहती थी?

7. स्तूप

हमने देखा कि बौद्ध आदर्श और व्यवहार ब्राह्मण, जैन तथा कई अन्य परंपराओं के साथ संवाद और तर्क-वितर्क की प्रक्रिया से उभरे। इनमें से कई परंपराओं के विचार और आचार ग्रंथों में नहीं लिखे गए। इस तरह के मेलजोल को हम पवित्र स्थलों के उभरने की प्रक्रिया को देखकर भी समझ सकते हैं।

बहुत प्राचीन काल से ही लोग कुछ जगहों को पवित्र मानते थे। अक्सर जहाँ खास वनस्पति होती थी, अनूठी चट्टानें थीं या विस्मयकारी प्राकृतिक सौंदर्य था, वहाँ पवित्र स्थल बन जाते थे। ऐसे कुछ स्थलों पर एक छोटी-सी वेदी भी बनी रहती थीं जिन्हें कभी-कभी चैत्य कहा जाता था।

शवदाह के बाद शरीर के कुछ अवशेष टीलों पर सुरक्षित रख दिए जाते थे। अंतिम संस्कार से जुड़े ये टीले चैत्य के रूप में जाने गए।

बौद्ध साहित्य में कई चैत्यों की चर्चा है। इसमें बुद्ध के जीवन से जुड़ी जगहों का भी वर्णन है–जहाँ वे जन्मे थे (लुम्बिनी), जहाँ उन्होंने

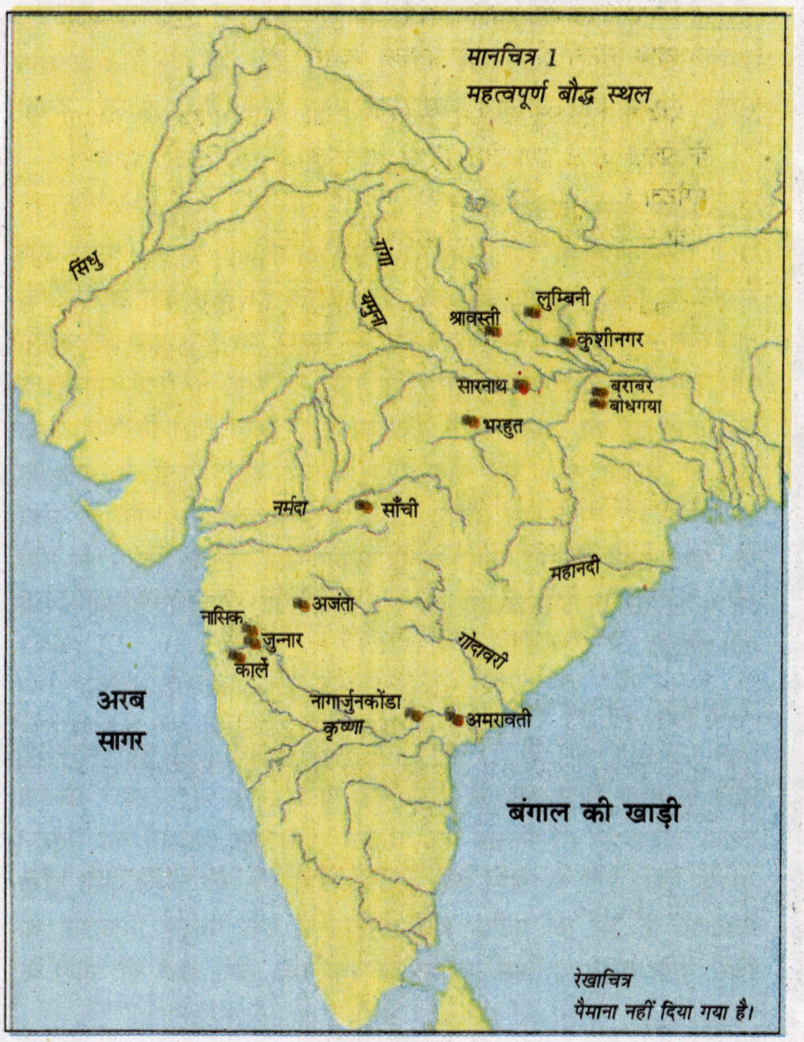

ज्ञान प्राप्त किया (बोधगया), जहाँ उन्होंने प्रथम उपदेश दिया (सारनाथ) और जहाँ उन्होंने निब्बान प्राप्त किया (कुशीनगर)। धीरे-धीरे ये सारी जगहें पवित्र स्थल बन गईं। हमें यह मालूम है कि बुद्ध के समय से लगभग दो सौ वर्षों बाद असोक ने लुम्बिनी की अपनी यात्रा की याद में एक स्तंभ बनवाया।

7.1 स्तूप क्यों बनाए जाते थे?

ऐसी कई अन्य जगहें थीं जिन्हें पवित्र माना जाता था। इन जगहों पर बुद्ध से जुड़े कुछ अवशेष जैसे उनकी अस्थियाँ या उनके द्वारा प्रयुक्त सामान गाड़ दिए गए थे। इन टीलों को स्तूप कहते थे।

स्तूप बनाने की परंपरा बुद्ध से पहले की रही होगी, लेकिन वह बौद्ध धर्म से जुड़ गई। चूँकि उनमें ऐसे अवशेष रहते थे जिन्हें पवित्र समझा जाता था, इसलिए समूचे स्तूप को ही बुद्ध और बौद्ध धर्म के प्रतीक के रूप में प्रतिष्ठा मिली। *अशोकावदान* नामक एक बौद्ध ग्रंथ के अनुसार असोक ने बुद्ध के अवशेषों के हिस्से हर महत्वपूर्ण शहर में बाँट कर उनके ऊपर स्तूप बनाने का आदेश दिया। ईसा पूर्व दूसरी सदी तक भरहुत, साँची और सारनाथ जैसी जगहों पर (मानचित्र 1) स्तूप बनाए जा चुके थे।

स्रोत 8

स्तूप क्यों बनाए जाते थे

यह उद्धरण *महापरिनिब्बान सुत्त* से लिया गया है जो *सुत्त पिटक* का हिस्सा है :

परिनिर्वाण से पूर्व आनंद ने पूछा:

भगवान हम तथागत (बुद्ध का दूसरा नाम) के अवशेषों का क्या करेंगे?

बुद्ध ने कहा, "तथागत के अवशेषों को विशेष आदर देकर खुद *को* मत रोको। धर्मोत्साही बनो, अपनी भलाई के लिए प्रयास करो।"

लेकिन विशेष आग्रह करने पर बुद्ध बोले :

"उन्हें तथागत के लिए चार महापथों के चौक पर *थूप* (स्तूप का पालि रूप) बनाना चाहिए। जो भी वहाँ धूप या माला चढ़ाएगा... या वहाँ सिर नवाएगा, या वहाँ पर हृदय में शांति लाएगा, उन सबके लिए वह चिर काल तक सुख और आनंद का कारण बनेगा।"

➲ चित्र 4.15 को देखकर क्या आप इनमें से कुछ रीति-रिवाज़ों को पहचान सकते हैं?

7.2 स्तूप कैसे बनाए गए

स्तूपों की वेदिकाओं और स्तंभों पर मिले अभिलेखों से इन्हें बनाने और सजाने के लिए दिए गए दान का पता चलता है। कुछ दान राजाओं के द्वारा दिए गए थे (जैसे सातवाहन वंश के राजा), तो कुछ दान शिल्पकारों और व्यापारियों की श्रेणियों द्वारा दिए गए। उदाहरण के लिए, साँची के एक तोरणद्वार का हिस्सा हाथी दाँत का काम करने वाले शिल्पकारों के दान से बनाया गया था। सैकड़ों महिलाओं और पुरुषों ने दान के अभिलेखों में अपना नाम बताया है। कभी-कभी वे अपने गाँव या शहर का नाम बताते हैं और कभी-कभी अपना पेशा और रिश्तेदारों के नाम भी बताते हैं। इन इमारतों को बनाने में भिक्खुओं और भिक्खुनियों ने भी दान दिया।

7.3 स्तूप की संरचना

स्तूप (संस्कृत अर्थ टीला) का जन्म एक गोलार्ध लिए हुए मिट्टी के टीले से हुआ जिसे बाद में *अंड* कहा गया। धीरे-धीरे इसकी संरचना ज़्यादा जटिल हो गई जिसमें कई चौकोर और गोल आकारों का संतुलन बनाया गया। *अंड* के ऊपर एक *हर्मिका* होती थी। यह छज्जे जैसा ढाँचा देवताओं के घर का प्रतीक था। *हर्मिका* से एक मस्तूल निकलता था जिसे *यष्टि* कहते थे जिस पर अक्सर एक *छत्री* लगी होती थी। टीले के

चित्र 4.9
साँची का एक दानात्मक अभिलेख
ऐसे सैकड़ों अभिलेख भरहुत और अमरावती में भी मिले हैं।

चारों ओर एक वेदिका होती थी जो पवित्र स्थल को सामान्य दुनिया से अलग करती थी।

साँची और भरहुत के प्रारंभिक स्तूप बिना अलंकरण के हैं सिवाए इसके कि उनमें पत्थर की वेदिकाएँ और तोरणद्वार हैं। ये पत्थर की वेदिकाएँ किसी बाँस के या काठ के घेरे के समान थीं और चारों दिशाओं में खड़े तोरणद्वार पर खूब नक्काशी की गई थी। उपासक पूर्वी तोरणद्वार से प्रवेश करके टीले को दाईं तरफ़ रखते हुए दक्षिणावर्त परिक्रमा करते थे, मानो वे आकाश में सूर्य के पथ का अनुकरण कर रहे हों। बाद में स्तूप के टीले पर भी अलंकरण और नक्काशी की जाने लगी। अमरावती और पेशावर (पाकिस्तान) में शाह जी की ढेरी में स्तूपों में ताख और मूर्तियाँ उत्कीर्ण करने की कला के काफ़ी उदाहरण मिलते हैं।

चर्चा कीजिए...
साँची के महास्तूप के मापचित्र (चित्र 4.10 क) और छायाचित्र (चित्र 4.3) में क्या समानताएँ और फ़र्क हैं?

इस इमारत की कौन-सी विशेषताएँ नक्शे में सबसे ज़्यादा स्पष्ट हैं? कौन-सी विशेषताएँ ऊर्ध्वस्थ परिप्रेक्ष्य से देखने पर ज़्यादा स्पष्ट होती हैं?

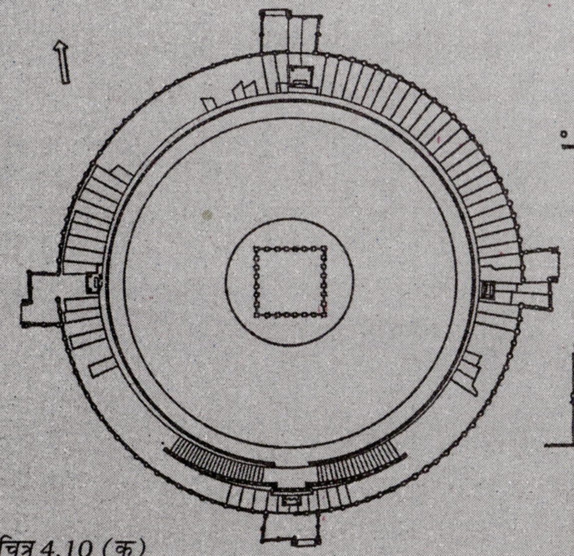

चित्र 4.10 (क)
साँची के महास्तूप की योजना
यह उस इमारत का समतलीय परिप्रेक्ष्य दिखाता है।

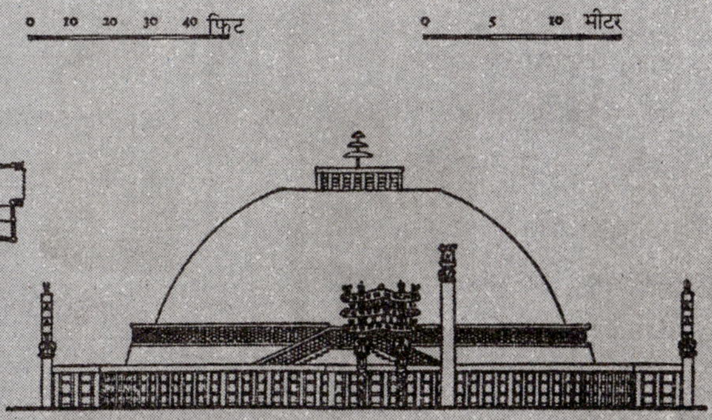

चित्र 4.10 (ख)
महास्तूप की ऊँचाई
ऊर्ध्वस्थ परिप्रेक्ष्य में

8. स्तूपों की 'खोज'

अमरावती और साँची की नियति

जैसा कि हमने देखा हर स्तूप का अपना इतिहास है। कुछ इतिहास हमें बताते हैं कि वे कैसे बने। साथ-साथ इनकी खोज का भी इतिहास है। अब हम इनकी खोज के इतिहास पर एक नज़र डालें। 1796 में एक स्थानीय राजा को जो मंदिर बनाना चाहते थे, अचानक अमरावती के स्तूप के अवशेष मिल गए। उन्होंने उसके पत्थरों के इस्तेमाल करने का निश्चय किया। उन्हें ऐसा लगा कि इस छोटी सी पहाड़ी में संभवतः कोई खज़ाना छुपा हो। कुछ वर्षों के बाद कॉलिन मेकेंज़ी नामक एक अंग्रेज़ अधिकारी इस इलाके से गुज़रे (अध्याय 7 भी देखिए)। हालाँकि उन्होंने कई मूर्तियाँ पाईं और उनका विस्तृत चित्रांकन भी किया, लेकिन उनकी रिपोर्टें कभी छपी नहीं।

चित्र 4.11
साँची का पूर्वी तोरणद्वार
सजीव मूर्तियों को देखिए।

1854 में गुंटूर (आंध्र प्रदेश) के कमिश्नर ने अमरावती की यात्रा की। उन्होंने कई मूर्तियाँ और उत्कीर्ण पत्थर जमा किए और वे उन्हें मद्रास ले गए। (इन्हें उनके नाम पर एलियट संगमरमर के नाम से जाना जाता है)। उन्होंने पश्चिमी तोरणद्वार को भी खोज निकाला और इस निष्कर्ष पर पहुँचे कि अमरावती का स्तूप बौद्धों का सबसे विशाल और शानदार स्तूप था। 1850 के दशक में अमरावती के उत्कीर्ण पत्थर अलग-अलग जगहों पर ले जाए जा रहे थे। कुछ पत्थर कलकत्ता में एशियाटिक सोसायटी ऑफ़ बंगाल पहुँचे, तो कुछ मद्रास में इंडिया ऑफिस। कुछ पत्थर लंदन तक पहुँच गए। कई अंग्रेज़ अधिकारियों के बागों में अमरावती की मूर्तियाँ पाना कोई असामान्य बात नहीं थी। वस्तुतः इस इलाके का हर नया अधिकारी यह कहकर कुछ मूर्तियाँ उठा ले जाता था कि उसके पहले के अधिकारियों ने भी ऐसा किया।

पुरातत्ववेत्ता एच.एच. कोल उन मुट्ठी भर लोगों में एक थे जो अलग सोचते थे। उन्होंने लिखा "इस देश की प्राचीन कलाकृतियों की लूट होने देना मुझे आत्मघाती और असमर्थनीय नीति लगती है।" वे मानते थे कि संग्रहालयों में मूर्तियों की प्लास्टर प्रतिकृतियाँ रखी जानी चाहिए जबकि असली कृतियाँ खोज की जगह पर ही

रखी जानी चाहिए। दुर्भाग्य से कोल अधिकारियों को अमरावती पर इस बात के लिए राज़ी नहीं कर पाए। लेकिन खोज की जगह पर ही संरक्षण की बात को साँची के लिए मान लिया गया।

साँची क्यों बच गया जबकि अमरावती नष्ट हो गया? शायद अमरावती की खोज थोड़ी पहले हो गई थी। तब तक विद्वान इस बात के महत्त्व को नहीं समझ पाए थे कि किसी पुरातात्विक अवशेष को उठाकर ले जाने की बजाय खोज की जगह पर ही संरक्षित करना कितना महत्वपूर्ण था। 1818 में जब साँची की खोज हुई, इसके तीन तोरणद्वार तब भी खड़े थे। चौथा वहीं पर गिरा हुआ था और टीला भी अच्छी हालत में था। तब भी यह सुझाव आया कि तोरणद्वारों को पेरिस या लंदन भेज दिया जाए। अंततः कई कारणों से साँची का स्तूप वहीं बना रहा और आज भी बना हुआ है जबकि अमरावती का महाचैत्य अब सिर्फ एक छोटा सा टीला है जिसका सारा गौरव नष्ट हो चुका है।

चर्चा कीजिए...

खंड एक को दुबारा पढ़िए। कारण बताइए कि साँची क्यों बच गया।

9. मूर्तिकला

हमने अभी-अभी पढ़ा है कि किस तरह से स्तूपों से मूर्तियों को यूरोप ले जाया गया। ऐसा इसलिए हुआ क्योंकि जिन लोगों ने मूर्तियों को देखा उन्हें ये खूबसूरत और मूल्यवान लगीं। इसलिए वे उन्हें अपने लिए रखना चाहते थे। आइए, हम इन मूर्तियों को ध्यान से देखें।

9.1 पत्थर में गढ़ी कथाएँ

आपने ऐसे घुमक्कड़ कथावाचकों को देखा होगा जो अपने साथ कपड़ों या कागज़ पर बने चित्रों (चारणचित्र) को लेकर घूमते हैं। जब वे कहानी कहते हैं तब वे इन चित्रों को दिखाते हैं।

चित्र 4.13 देखिए। पहली बार देखने पर तो इस मूर्तिकला अंश में फूस की झोंपड़ी और पेड़ों वाले ग्रामीण दृश्य का चित्रण दिखता है। परंतु वे कला इतिहासकार जिन्होंने साँची की इस मूर्तिकला का गहराई से अध्ययन किया है, इसे *वेसान्तर जातक* से लिया गया एक दृश्य बताते हैं। यह कहानी एक ऐसे दानी राजकुमार के बारे में है जिसने अपना सब कुछ एक ब्राह्मण को सौंप दिया और स्वयं अपनी पत्नी और बच्चों के

चित्र 4.12
तोरण का एक हिस्सा
क्या आपको ऐसा लगता है कि साँची के तक्षक पटचित्र को खुलते हुए दर्शाना चाह रहे थे?

चित्र 4.13
उत्तरी तोरणद्वार का एक हिस्सा

साथ जंगल में रहने चला गया। जैसा कि इस उदाहरण से स्पष्ट है अक्सर इतिहासकार किसी मूर्तिकला की व्याख्या लिखित साक्ष्यों के साथ तुलना के द्वारा करते हैं।

9.2 उपासना के प्रतीक

बौद्ध मूर्तिकला को समझने के लिए कला इतिहासकारों को बुद्ध के चरित लेखन के बारे में समझ बनानी पड़ी। बौद्धचरित लेखन के अनुसार एक वृक्ष के नीचे ध्यान करते हुए बुद्ध को ज्ञान प्राप्ति हुई। कई प्रारंभिक मूर्तिकारों ने बुद्ध को मानव रूप में न दिखाकर उनकी उपस्थिति प्रतीकों के माध्यम से दर्शाने का प्रयास किया। उदाहरणतः, रिक्त स्थान (चित्र 4.14) बुद्ध के ध्यान की दशा तथा स्तूप (चित्र 4.15) *महापरिनिब्बान* के प्रतीक बन गए। चक्र का भी प्रतीक के रूप में प्रायः इस्तेमाल किया गया (चित्र 4.16)। यह बुद्ध द्वारा सारनाथ में दिए गए पहले उपदेश का प्रतीक था। जैसा कि स्पष्ट है ऐसी मूर्तिकला को अक्षरशः नहीं समझा जा सकता है। उदाहरणतः, पेड़ का तात्पर्य केवल एक पेड़ नहीं था वरन्

चित्र 4.14 (नीचे दाईं ओर)
बोधि वृक्ष की पूजा
चित्र में वृक्ष, आसन और उसके चारों ओर जन-समुदाय के चित्रण पर ध्यान दीजिए।
चित्र 4.15 (नीचे मध्य में)
स्तूप की पूजा
चित्र 4.16 (नीचे बाईं ओर)
धर्मचक्र प्रवर्तन

चित्र 4.17
तोरणद्वार पर एक स्त्री

वह बुद्ध के जीवन की एक घटना का प्रतीक था। ऐसे प्रतीकों को समझने के लिए यह ज़रूरी है कि इतिहासकार कलाकृतियों के निर्माताओं की परंपराओं को जानें।

9.3 लोक परंपराएँ

साँची में उत्कीर्णित बहुत सी अन्य मूर्तियाँ शायद बौद्ध मत से सीधी जुड़ी नहीं थीं। इनमें कुछ सुंदर स्त्रियाँ भी मूर्तियों में उत्कीर्णित हैं जो तोरणद्वार के किनारे एक पेड़ पकड़ कर झूलती हुई (चित्र 4.17) दिखती हैं। शुरू-शुरू में विद्वान इस मूर्ति के महत्त्व के बारे में थोड़े असमंजस में थे। इस मूर्ति का त्याग और तपस्या से कोई रिश्ता नज़र नहीं आता था लेकिन साहित्यिक परंपराओं के अध्ययन से वे समझ पाए कि यह संस्कृत भाषा में वर्णित *शालभंजिका* की मूर्ति है। लोक परंपरा में यह माना जाता था कि इस स्त्री द्वारा छुए जाने से वृक्षों में फूल खिल उठते थे और फल होने लगते थे। ऐसा लगता है कि यह एक शुभ प्रतीक माना जाता था और इस कारण स्तूप के अलंकरण में प्रयुक्त हुआ। *शालभंजिका* की मूर्ति से पता चलता है कि जो लोग बौद्ध धर्म में आए उन्होंने बुद्ध-पूर्व और बौद्ध धर्म से इतर दूसरे विश्वासों, प्रथाओं और धारणाओं से बौद्ध धर्म को समृद्ध किया। साँची की मूर्तियों में पाए गए कई प्रतीक या चिह्न निश्चय ही इन्हीं परंपराओं से उभरे थे। उदाहरण के लिए, जानवरों के कुछ बहुत खूबसूरत उत्कीर्णन यहाँ पर पाए गए हैं। इन जानवरों में हाथी, घोड़े, बंदर और गाय-बैल शामिल हैं। हालाँकि साँची में जातकों से ली गई जानवरों की कई कहानियाँ हैं, ऐसा लगता है कि यहाँ पर लोगों को आकर्षित करने के लिए जानवरों का उत्कीर्णन किया गया था। साथ ही जानवरों को मनुष्यों के गुणों के प्रतीक के रूप में इस्तेमाल किया जाता था। उदाहरण के लिए, हाथी शक्ति और ज्ञान के प्रतीक माने जाते थे।

चित्र 4.18
साँची में एक हाथी

इन प्रतीकों में कमल दल और हाथियों के बीच एक

चित्र 4.19
गजलक्ष्मी

अतीत से प्राप्त चित्र

पत्थर की कलाकृतियाँ लंबे समय तक सुरक्षित बच जाती हैं। इसलिए इतिहासकारों को यह आसानी से उपलब्ध हो जाता है। लेकिन अतीत में चित्रकारी जैसे संप्रेषण के दूसरे माध्यम भी इस्तेमाल किए जाते थे। उनमें जो सबसे अच्छी हालत में बचे हुए हैं वे गुफाओं की दीवारों पर बने चित्र हैं। इनमें अजंता (महाराष्ट्र) की चित्रकारी काफ़ी प्रसिद्ध है।

अजंता के चित्र जातकों की कथाएँ दिखाते हैं। इनमें राज दरबार का जीवन, शोभा यात्राएँ, काम करते हुए स्त्री-पुरुष और त्यौहार मनाने के चित्र दिखाए गए हैं। कलाकारों ने त्रिविम रूप देने के लिए आभाभेद तकनीक का प्रयोग किया। कुछ चित्र बिल्कुल स्वाभाविक और सजीव लगते हैं।

चित्र 4.20
अजंता से एक चित्र
बैठे हुए व्यक्ति और उनके सेवकों पर ग़ौर कीजिए।

चित्र 4.21
साँची में सर्प

महिला की मूर्ति प्रमुख है (चित्र 4.19)। ये हाथी उनके ऊपर जल छिड़क रहे हैं जैसे वे उनका अभिषेक कर रहे हों। जहाँ कुछ इतिहासकार उन्हें बुद्ध की माँ माया से जोड़ते हैं तो दूसरे इतिहासकार उन्हें एक लोकप्रिय देवी गजलक्ष्मी मानते हैं। गजलक्ष्मी सौभाग्य लाने वाली देवी थीं जिन्हें प्रायः हाथियों के साथ जोड़ा जाता है। यह भी संभव

है कि इन उत्कीर्णित मूर्तियों को देखने वाले उपासक इसे माया और गजलक्ष्मी दोनों से जोड़ते थे।

कई स्तंभों पर दिखाए गए सर्पों को भी देखिए (चित्र 4.21)। यह प्रतीक भी ऐसी लोक परंपराओं से लिया गया प्रतीत होता है जिनका ग्रंथों में हमेशा ज़िक्र नहीं होता था। दिलचस्प बात यह है कि कला पर लिखने वाले आधुनिक इतिहासकारों में एक शुरुआती इतिहासकार जेम्स फर्गुसन ने साँची को वृक्ष और सर्प पूजा का केंद्र माना था। वे बौद्ध साहित्य से अनभिज्ञ थे। तब तक ज़्यादातर बौद्ध ग्रंथों का अनुवाद नहीं हुआ था। इसलिए उन्होंने सिर्फ़ उत्कीर्णित मूर्तियों का अध्ययन करके अपने निष्कर्ष निकाले थे।

चर्चा कीजिए...
मूर्तिकला के लिए हड्डियों, मिट्टी और धातुओं का भी इस्तेमाल होता है। इनके विषय में पता कीजिए।

10. नयी धार्मिक परंपराएँ

10.1 महायान बौद्ध मत का विकास

ईसा की प्रथम सदी के बाद बौद्ध अवधारणाओं और व्यवहार में बदलाव नज़र आते हैं। प्रारंभिक बौद्ध मत में निब्बान के लिए व्यक्तिगत प्रयास को विशेष महत्त्व दिया गया था। बुद्ध को भी एक मनुष्य समझा जाता था जिन्होंने व्यक्तिगत प्रयास से प्रबोधन और निब्बान प्राप्त किया। परंतु धीरे-धीरे एक मुक्तिदाता की कल्पना उभरने लगी। यह विश्वास किया जाने लगा कि वे मुक्ति दिलवा सकते थे। साथ-साथ बोधिसत्त की अवधारणा भी उभरने लगी। बोधिसत्तों को परम करुणामय जीव माना गया जो अपने सत्कार्यों से पुण्य कमाते थे। लेकिन वे इस पुण्य का प्रयोग दुनिया को दुखों में छोड़ देने के लिए और निब्बान प्राप्ति के लिए नहीं करते थे। बल्कि वे इससे दूसरों की सहायता करते थे। बुद्ध और बोधिसत्तों की मूर्तियों की पूजा इस परंपरा का एक महत्वपूर्ण अंग बन गई।

चिंतन की इस नयी परंपरा को महायान के नाम से जाना गया। जिन लोगों ने इन विश्वासों को अपनाया उन्होंने पुरानी परंपरा को हीनयान नाम से संबोधित किया।

चित्र 4.22
पहली सदी की बुद्ध मूर्ति, मथुरा

हीनयान या थेरवाद?

महायान के अनुयायी दूसरी बौद्ध परंपराओं के समर्थकों को हीनयान के अनुयायी कहते थे। लेकिन, पुरातन परंपरा के अनुयायी खुद को थेरवादी कहते थे। इसका मतलब है वे लोग जिन्होंने पुराने, प्रतिष्ठित शिक्षकों (जिन्हें थेर कहते थे) के बताए रास्ते पर चलने वाले।

चित्र 4.23
विष्णु का वराह अवतार जिसमें उन्हें पृथ्वी देवी को बचाते हुए दिखाया गया है। (लगभग छठी सदी, एहोल, कर्नाटक)

➲ मूर्ति में दी गई आकृतियों के आपसी अनुपात में फ़र्क से क्या बात समझ में आती है?

10.2 पौराणिक हिंदू धर्म का उदय

मुक्तिदाता की कल्पना सिर्फ बौद्ध धर्म तक सीमित नहीं थी। हम पाते हैं कि इसी तरह के विश्वास एक अलग ढंग से उन परंपराओं में भी विकसित हो रहे थे जिन्हें आज हिंदू धर्म के नाम से जाना जाता है। इसमें वैष्णव (वह हिंदू परंपरा जिसमें विष्णु को सबसे महत्वपूर्ण देवता माना जाता है) और शैव (वह संकल्पना जिसमें शिव परमेश्वर है) परंपराएँ शामिल हैं। इनके अंतर्गत एक विशेष देवता की पूजा को खास महत्त्व दिया जाता था। इस प्रकार की आराधना में उपासना और ईश्वर के बीच का रिश्ता प्रेम और समर्पण का रिश्ता माना जाता था। इसे भक्ति कहते हैं।

वैष्णववाद में कई अवतारों के इर्द-गिर्द पूजा पद्धतियाँ विकसित हुईं। इस परंपरा के अंदर दस अवतारों की कल्पना है। यह माना जाता था कि पापियों के बढ़ते प्रभाव के चलते जब दुनिया में अव्यवस्था और नाश की स्थिति आ जाती थी तब विश्व की रक्षा के लिए भगवान अलग-अलग रूपों में अवतार लेते थे। संभवतः अलग-अलग अवतार देश के भिन्न-भिन्न हिस्सों में लोकप्रिय थे। इन सब स्थानीय देवताओं को विष्णु का रूप मान लेना एकीकृत धार्मिक परंपरा के निर्माण का एक महत्वपूर्ण तरीका था।

कई अवतारों को मूर्तियों के रूप में दिखाया गया है। दूसरे देवताओं की भी मूर्तियाँ बनीं। शिव को उनके प्रतीक लिंग के रूप में बनाया जाता था। लेकिन उन्हें कई बार मनुष्य के रूप में भी दिखाया गया है। ये सारे चित्रण देवताओं से जुड़ी हुई मिश्रित अवधारणाओं पर आधारित थे। उनकी खूबियों और प्रतीकों को उनके शिरोवस्त्र, आभूषण, आयुधों (हथियार और हाथ में धारण किए गए अन्य शुभ अस्त्र) और बैठने की शैली से इंगित किया जाता था।

इन मूर्तियों के अंकन का मतलब समझने के लिए इतिहासकारों को इनसे जुड़ी हुई कहानियों से परिचित होना पड़ता है। कई कहानियाँ प्रथम सहस्राब्दि के मध्य से ब्राह्मणों

चित्र 4.24
महाबलीपुरम् (तमिलनाडु) में दुर्गा की एक मूर्ति (छठी सदी)

➲ कलाकारों ने किस प्रकार गति को दिखाने की कोशिश की है? इस मूर्ति में बताई कहानी के बारे में जानकारी इकट्ठी कीजिए।

द्वारा रचित पुराणों में पाई जाती हैं। इनमें बहुत से किस्से ऐसे हैं जो सैकड़ों वर्ष पहले रचने के बाद सुने-सुनाए जाते रहे थे। इनमें देवी-देवताओं की भी कहानियाँ हैं। सामान्यत: इन्हें संस्कृत श्लोकों में लिखा गया था। इन्हें ऊँची आवाज़ में पढ़ा जाता था जिसे कोई भी सुन सकता था। महिलाएँ और शूद्र जिन्हें वैदिक साहित्य पढ़ने-सुनने की अनुमति नहीं थी, पुराणों को सुन सकते थे।

पुराणों की ज़्यादातर कहानियाँ लोगों के आपसी मेल-मिलाप से विकसित हुईं। पुजारी, व्यापारी और सामान्य स्त्री-पुरुष एक से दूसरी जगह आते-जाते हुए अपने विश्वासों और अवधारणाओं का आदान-प्रदान करते थे। उदाहरण के लिए, हम यह जानते हैं कि वासुदेव-कृष्ण मथुरा इलाके के महत्वपूर्ण देवता थे। कई शताब्दियों के दौरान उनकी पूजा देश के दूसरे इलाकों में भी फैल गई।

10.3 मंदिरों का बनाया जाना

जिस समय साँची जैसी जगहों में स्तूप अपने विकसित रूप में आ गए थे उसी समय देवी-देवताओं की मूर्तियों को रखने के लिए सबसे पहले मंदिर भी बनाए गए। शुरू के मंदिर एक चौकोर कमरे के रूप में थे जिन्हें गर्भगृह कहा जाता था। इनमें एक दरवाज़ा होता था जिससे उपासक मूर्ति की पूजा करने के लिए भीतर प्रविष्ट हो सकता था। धीरे-धीरे गर्भगृह के ऊपर एक ऊँचा ढाँचा बनाया जाने लगा जिसे *शिखर* कहा

चित्र 4.25
एक मंदिर, देवगढ़ (उत्तर प्रदेश), पाँचवीं सदी

➲ गर्भगृह के प्रवेशद्वार और शिखर के अवशेषों को पहचानें।

जाता था। मंदिर की दीवारों पर अक्सर भित्ति चित्र उत्कीर्ण किए जाते थे। बाद के युगों में मंदिरों के स्थापत्य का काफ़ी विकास हुआ। अब मंदिरों के साथ विशाल सभास्थल, ऊँची दीवारें और तोरण भी जुड़ गए। जल आपूर्ति (देखिए अध्याय 7) का इंतज़ाम भी किया जाने लगा।

शुरू-शुरू के मंदिरों की एक खास बात यह थी कि इनमें से कुछ पहाड़ियों को काट कर खोखला करके कृत्रिम गुफाओं के रूप में बनाए गए थे। कृत्रिम गुफाएँ बनाने की परंपरा काफ़ी पुरानी थी (चित्र 4.27)।

चित्र 4.26
शेषनाग पर आराम करते विष्णु की मूर्ति, देवगढ़ (उत्तर प्रदेश), पाँचवीं सदी

सबसे प्राचीन कृत्रिम गुफाएँ ईसा पूर्व तीसरी सदी में असोक के आदेश से आजीविक संप्रदाय के संतों के लिए बनाई गई थीं।

यह परंपरा अलग-अलग चरणों में विकसित होती रही। इसका सबसे विकसित रूप हमें आठवीं सदी के कैलाशनाथ (शिव का एक नाम) के मंदिर में नज़र आता है जिसमें पूरी पहाड़ी काटकर उसे मंदिर का रूप दे दिया गया था।

एक ताम्रपत्र अभिलेख एलोरा के प्रमुख तक्षक द्वारा इसका निर्माण समाप्त करने के बाद उसके आश्चर्य को व्यक्त करता है "हे भगवान यह मैंने कैसे बनाया!"

चित्र 4.27
बराबर (बिहार) की गुफाएँ, लगभग तीसरी सदी ईसा पूर्व

चित्र 4.28
कैलाशनाथ मंदिर, एलोरा (महाराष्ट्र)
यह सारा ढाँचा एक चट्टान को काटकर तैयार किया गया है।

11. क्या हम सब कुछ देख-समझ सकते हैं?

अब तक आपको हमारे अतीत की समृद्ध दृश्य परंपराओं की एक झलक मिल चुकी है। ये परंपराएँ ईंट और पत्थर से निर्मित स्थापत्य कला, मूर्ति कला और चित्रकला के रूप में हमारे सामने आईं हैं। हमने पाया कि समय के बहाव में बहुत कुछ नष्ट हो गया है। लेकिन जो बचा है और संरक्षित है वह हमें इन भव्य कलाकृतियों के निर्माताओं-कलाकारों, मूर्तिकारों, राजगीरों और वास्तुकारों की दृष्टि से परिचित कराता है। लेकिन क्या हम उनके संदेश को बिना दुविधा के अपने-आप समझ सकते हैं? क्या हम कभी यह पूरी तरह से समझ पाएँगे कि जो लोग इन प्रतिकृतियों को देखते और पूजते थे उनके लिए इनका क्या महत्त्व था?

11.1 अनजाने को समझने की कोशिश

यह स्मरणीय है कि यूरोप के विद्वानों ने उन्नीसवीं सदी में जब देवी-देवताओं की मूर्तियाँ देखीं तो वे उनकी पृष्ठभूमि और महत्त्व को नहीं समझ पाए। कई सिरों, हाथों वाली या मनुष्य और जानवर के रूपों

को मिलाकर बनाई गई मूर्तियाँ उन्हें विकृत लगती थीं और कई बार वे घृणा से भर जाते थे।

इन शुरू-शुरू के विद्वानों ने ऐसी अजीबोगरीब मूर्तियों की समझ बनाने के लिए उनकी तुलना एक ऐसी परंपरा से की जिससे वे परिचित थे। यह थी प्राचीन यूनान की कला परंपरा। हालाँकि वे प्रारंभिक भारतीय मूर्तिकला को यूनान की कला से निम्न स्तर का मानते थे, बुद्ध और बोधिसत्त की मूर्तियों की खोज से वे काफ़ी उत्साहित हुए। ऐसा इसलिए हुआ कि ये मूर्तियाँ यूनानी प्रतिमानों से प्रभावित थीं। ये मूर्तियाँ ज़्यादातर तक्षशिला और पेशावर जैसे उत्तर-पश्चिम के नगरों में मिली थीं। इन इलाकों में ईसा से दो सौ साल पहले भारतीय-यूनानी शासकों ने राज्य बनाए थे। ये मूर्तियाँ यूनानी मूर्तियों से काफ़ी मिलती-जुलती थीं। चूँकि ये विद्वान यूनानी परंपरा से परिचित थे, इसलिए उन्होंने इन्हें भारतीय मूर्ति कला का सर्वश्रेष्ठ नमूना माना। परिणामत: इन विद्वानों ने इस कला को समझने के लिए एक तरीका अपनाया जो हम सब अक्सर अपनाते हैं - परिचित चीज़ों के आधार पर अपरिचित चीज़ों को समझने का पैमाना तैयार करना।

11.2 यदि लिखित और दृश्य का मेल न हो...

एक और समस्या पर नज़र डालिए। हमने पाया कि किसी मूर्ति का महत्त्व और संदर्भ समझने के लिए कला के इतिहासकार अक्सर लिखित ग्रंथों से जानकारी इकट्ठी करते हैं। भारतीय मूर्तियों की यूनानी मूर्तियों से तुलना कर निष्कर्ष निकालने की अपेक्षा यह निश्चय ही ज़्यादा बेहतर तरीका है। लेकिन यह बहुत आसान नहीं। इसका सबसे दिलचस्प उदाहरण है महाबलीपुरम (तमिलनाडु) में एक विशाल चट्टान पर उत्कीर्ण मूर्तियाँ।

निश्चय ही चित्र 4.30 में किसी कथा का सजीव चित्रण किया गया है। लेकिन यह कौन-सी कथा है? कला इतिहासकारों ने पुराणों के साहित्य में इस कथा को पहचानने के लिए काफ़ी खोजबीन की है। लेकिन उनमें काफ़ी

चित्र 4.29
गांधार का एक बोधिसत्त
उनके कपड़ों और केश विन्यास पर ध्यान दीजिए।

मतभेद हैं। कुछ का मानना है कि इसमें गंगा नदी के स्वर्ग से अवतरण का चित्रण है। चट्टान की सतह के मध्य प्राकृतिक दरार शायद नदी को दिखा रही है। यह कथा महाकाव्यों और पुराणों में वर्णित है। दूसरे विद्वान मानते हैं कि यहाँ पर दिव्यास्त्र प्राप्त करने के लिए महाभारत में दी गई अर्जुन की तपस्या को दिखाया गया है। वे मूर्तियों के बीच एक साधु को केंद्र में रखे जाने की बात को महत्त्व देते हैं।

अंततः हमें यह याद रखना चाहिए कि बहुत से रीति-रिवाज, धार्मिक विश्वास और व्यवहार इमारतों, मूर्तियों या चित्रकला के द्वारा स्थायी दृश्य माध्यमों के रूप में दर्ज नहीं किए गए। इनमें दिन-प्रतिदिन और विशिष्ट अवसरों के रीति-रिवाज शामिल हैं। कई लोगों और समुदायों को चिरस्थायी विवरण रखने की ज़रूरत महसूस नहीं हुई हो। संभव है कि धार्मिक गतिविधियों और दार्शनिक मान्यताओं की उनकी सक्रिय परंपरा रही हो। वस्तुतः हमने इस अध्याय में जिन शानदार उदाहरणों को चुना है वे एक विशाल ज्ञान राशि की मात्र ऊपरी परत हैं।

चर्चा कीजिए...

आपने कोई भी धार्मिक अनुष्ठान देखा हो तो उसका वर्णन कीजिए। क्या इसे किसी रूप में हमेशा के लिए दर्ज किया जाता है?

चित्र 4.30
महाबलीपुरम् की एक मूर्ति

कालरेखा 1
महत्वपूर्ण धार्मिक बदलाव

लगभग 1500-1000 ई. पू.	प्रारंभिक वैदिक परंपराएँ
लगभग 1000-500 ई. पू.	उत्तर वैदिक परंपराएँ
लगभग छठी सदी ई. पू.	प्रारंभिक उपनिषद, जैन धर्म, बौद्ध धर्म
लगभग तीसरी सदी ई. पू.	आरंभिक स्तूप
लगभग दूसरी सदी ईसा पूर्व से आगे	महायान बौद्ध मत का विकास, वैष्णववाद, शैववाद और देवी पूजन परंपराएँ
लगभग तीसरी सदी ईसवी	सबसे पुराने मंदिर

कालरेखा 2
प्राचीन इमारतों और मूर्तियों की खोज और संरक्षण के महत्वपूर्ण चरण

उन्नीसवीं सदी	
1814	इंडियन म्यूज़ियम, कलकत्ता की स्थापना
1834	रामराजा लिखित *एसेज़ ऑन द आर्किटैक्चर ऑफ़ द हिंदूज़* का प्रकाशन; कनिंघम ने सारनाथ के स्तूप की छानबीन की
1835-1842	जेम्स फर्गुसन ने महत्वपूर्ण पुरातात्विक स्थलों का सर्वेक्षण किया
1851	गवर्नमेंट म्यूज़ियम, मद्रास की स्थापना
1854	अलेक्ज़ैंडर कनिंघम ने *भिलसा टोप्स* लिखी जो साँची पर लिखी गई सबसे प्रारंभिक पुस्तकों में से एक है
1878	राजेंद्र लाल मित्र की पुस्तक, *बुद्ध गया : द हेरिटेज़ ऑफ़ शाक्य मुनि* का प्रकाशन
1880	एच.एच. कोल को प्राचीन इमारतों का संग्रहाध्यक्ष बनाया गया
1888	ट्रेज़र-ट्रोव एक्ट का बनाया जाना। इसके अनुसार सरकार पुरातात्विक महत्त्व की किसी भी चीज़ को हस्तगत कर सकती थी
बीसवीं सदी	
1914	जॉन मार्शल और अल्फ्रेड फूसे की *द मॉन्युमेंट्स ऑफ़ साँची* पुस्तक का प्रकाशन
1923	जॉन मार्शल की पुस्तक *कंजर्वेशन मैनुअल* का प्रकाशन
1955	प्रधानमंत्री जवाहरलाल नेहरू ने राष्ट्रीय संग्रहालय, नयी दिल्ली की नींव रखी
1989	साँची को एक विश्व कला दाय स्थान घोषित किया गया

उत्तर दीजिए (लगभग 100-150 शब्दों में)

1. क्या उपनिषदों के दार्शनिकों के विचार नियतिवादियों और भौतिकवादियों से भिन्न थे? अपने जवाब के पक्ष में तर्क दीजिए।

2. जैन धर्म की महत्वपूर्ण शिक्षाओं को संक्षेप में लिखिए।

3. साँची के स्तूप के संरक्षण में भोपाल की बेगमों की भूमिका की चर्चा कीजिए।

4. निम्नलिखित संक्षिप्त अभिलेख को पढ़िए और जवाब दीजिए :

महाराजा हुविष्क (एक कुषाण शासक) के तैंतीसवें साल में गर्म मौसम के पहले महीने के आठवें दिन त्रिपिटक जानने वाले भिक्खु बल की शिष्या, त्रिपिटक जानने वाली बुद्धमिता के बहन की बेटी भिक्खुनी धनवती ने अपने माता-पिता के साथ मधुवनक में बोधिसत्त की मूर्ति स्थापित की।

(क) धनवती ने अपने अभिलेख की तारीख कैसे निश्चित की?

(ख) आपके अनुसार उन्होंने बोधिसत्त की मूर्ति क्यों स्थापित की?

(ग) वे अपने किन रिश्तेदारों का नाम लेती हैं?

(घ) वे कौन-से बौद्ध ग्रंथों को जानती थीं?

(ड.) उन्होंने ये पाठ किससे सीखे थे?

5. आपके अनुसार स्त्री-पुरुष संघ में क्यों जाते थे?

चित्र 4.31
साँची की एक मूर्ति

निम्नलिखित पर एक संक्षिप्त निबंध लिखिए (लगभग 500 शब्दों में)

6. साँची की मूर्तिकला को समझने में बौद्ध साहित्य के ज्ञान से कहाँ तक सहायता मिलती है?

7. चित्र 4.32 और 4.33 में साँची से लिए गए दो परिदृश्य दिए गए हैं। आपको इनमें क्या नज़र आता है? वास्तुकला, पेड़-पौधे, और जानवरों को ध्यान से देखकर तथा लोगों के काम-धंधों को पहचान कर यह बताइए कि इनमें से कौन से ग्रामीण और कौन से शहरी परिदृश्य हैं?

8. वैष्णववाद और शैववाद के उदय से जुड़ी वास्तुकला और मूर्तिकला के विकास की चर्चा कीजिए।

9. स्तूप क्यों और कैसे बनाए जाते थे? चर्चा कीजिए।

चित्र 4.33

चित्र 4.32

मानचित्र कार्य

10. विश्व के रेखांकित मानचित्र पर उन इलाकों पर निशान लगाइए जहाँ बौद्ध धर्म का प्रसार हुआ। उपमहाद्वीप से इन इलाकों को जोड़ने वाले जल और स्थल मार्गों को दिखाइए।

परियोजना कार्य (कोई एक)

11. इस अध्याय में चर्चित धार्मिक परंपराओं में से क्या कोई परंपरा आपके अड़ोस-पड़ोस में मानी जाती है? आज किन धार्मिक ग्रंथों का प्रयोग किया जाता है? उन्हें कैसे संरक्षित और संप्रेषित किया जाता है? क्या पूजा में मूर्तियों का प्रयोग होता है? यदि हाँ तो क्या ये मूर्तियाँ इस अध्याय में लिखी गई मूर्तियों से मिलती-जुलती हैं या अलग हैं? धार्मिक कृत्यों के लिए प्रयुक्त इमारतों की तुलना प्रारंभिक स्तूपों और मंदिरों से कीजिए।

12. इस अध्याय में वर्णित धार्मिक परंपराओं से जुड़े अलग-अलग काल और इलाकों की कम से कम पाँच मूर्तियों और चित्रों की तसवीरें इकट्ठी कीजिए। उनके शीर्षक हटाकर प्रत्येक तसवीर दो लोगों को दिखाइए और उन्हें इसके बारे में बताने को कहिए। उनके वर्णनों की तुलना करते हुए अपनी खोज की रिपोर्ट लिखिए।

यदि आप और जानकारी चाहते हैं तो इन्हें पढ़िए :

ए.एल. बाशम, 1985
द वंडर दैट वाज़ इंडिया,
रूपा, कलकत्ता।

एन.एन. भट्टाचार्य, 1996
इंडियन रिलिजियस हिस्टोरियोग्राफ़ी,
मुंशीराम मनोहरलाल,
नयी दिल्ली।

एम.के. धावलीकर, 2003
मॉन्युमेंटल लीगेसी ऑफ़ साँची,
ऑक्सफोर्ड यूनिवर्सिटी प्रेस,
नयी दिल्ली।

पॉल डुंडास, 1992
द जैनस्,
रूटलेज, लंदन।

गेविन फ्लड, 2004
इंट्रोडक्शन टू हिन्दुइज़्म,
कैंब्रिज यूनिवर्सिटी प्रेस,
कैंब्रिज।

रिचार्ड एफ. गोम्ब्रिच, 1988
थेरवाद बुद्धिज़्म : ए सोशल हिस्ट्री फ्रॉम एंशियंट बनारस टू मॉडर्न कोलंबो,
रूटलेज एंड केगन पॉल, लंदन।

बेंजामिन रॉलैंड, 1967
द आर्ट एंड आर्किटेक्चर ऑफ इंडिया : बुद्धिस्ट/हिंदू/जैन,
पेंग्विन बुक्स, हार्मन्ड्स्वर्थ।

ज़्यादा जानकारी के लिए आप निम्नलिखित वेबसाइट देख सकते हैं
http://dsal.uchicago.edu/images/aiis/

चित्रों हेतु श्रेय

विषय 1

चित्र 1.1, 1.2, 1.3, 1.4, 1.5, 1.6, 1.8, 1.11, 1.12, 1.13, 1.14, 1.15, 1.16, 1.20, 1.22, 1.23, 1.26, 1.28, 1.29, चित्र 1.30 अभ्यास कार्य

भारतीय पुरातात्विक सर्वेक्षण तथा भारतीय संग्रहालय, नयी दिल्ली

चित्र 1.7, 1.9, 1.10, 1.17, 1.18, 1.19, 1.21, 1.24:

प्रोफ़ेसर ग्रेगोरी एल. पोशेल

चित्र 1.27:

सांस्कृतिक स्रोत एवं प्रशिक्षण केंद्र, नयी दिल्ली

विषय 2

चित्र 2.1: अमेरिकन इंस्टीट्यूट ऑफ़ इंडियन स्टडीज़, गुड़गाँव

चित्र 2.2, 2.6: भारतीय पुरातात्विक सर्वेक्षण

चित्र 2.3, 2.5, 2.10:

सांस्कृतिक स्रोत एवं प्रशिक्षण केंद्र, नयी दिल्ली

चित्र 2.4, 2.7, 2.9, 2.12, 2.13: भारतीय संग्रहालय, नयी दिल्ली

चित्र 2.8: वाइकीपीडिया

विषय 3

चित्र 3.1, 3.10: भारतीय पुरातात्विक सर्वेक्षण

चित्र 3.3, 3.4, 3.5, 3.6, 3.7, 3.8, 3.9: भारतीय संग्रहालय, नयी दिल्ली

विषय 4

चित्र 4.1, 4.5, 4.8, 4.9, 4.12, 4.13, 4.14, 4.15, 4.16, 4.17, 4.18, 4.19, 4.21, 4.22, 4.23, 4.24, 4.25, 4.26, 4.27, 4.29, 4.31, चित्र 4.32 और 33 अभ्यास कार्य में

अमेरिकन इंस्टीट्यूट ऑफ़ इंडियन स्टडीज़, गुड़गाँव

चित्र 4.2: वाइकीपीडिया

चित्र 4.3, 4.11, 4.28, 4.30:

सांस्कृतिक स्रोत एवं प्रशिक्षण केंद्र, नयी दिल्ली

चित्र 4.4, 4.6, 4.7, 4.20: भारतीय संग्रहालय, नयी दिल्ली